RAMÓN ACOSTA PESO

DIEZ MATRIMONIOS DE CINE

*Diez películas para fortalecer
nuestro matrimonio*

Imagen de portada: EE.UU. August Diehl y Valerie Pachner en la nueva película de ©Fox Searchlight Pictures: A Hidden Life (2019).

Autor: © Ramón Acosta Peso

Primera edición: febrero 2024

Impreso en España. Printed in Spain
Depósito legal: M-5099-2024
ISBN: 978-84-19431-35-6

Maquetación: Juan Carlos Adame

Impresión y encuadernación:
  Editorial Didaskalos
  Valdesquí 16, Madrid 28023

Índice

A Paula y Alejandro, Marta y Javi,
Teresa y otro Javi, María y Miguel, Ali y
Alfonso, y a todos los que han iniciado
el buen camino del "nosotros conyugal".

Introducción

"Paloma mía, en las oquedades de la roca, en el escondrijo escarpado, déjame ver tu figura, déjame escuchar tu voz: es muy dulce tu voz y fascinante tu figura" (Ct 2,14). La figura y la voz, la *imagen* y la *palabra*, son dos elementos que ensamblan el cine y el amor humano. Y de la mano de estos elementos, el cine y el amor, profundizaremos en una experiencia vocacional que es mucho más que un arte: el matrimonio. Lo que en la vida puede parecer contradicción, en el arte del matrimonio aparece como unidad armoniosa y dramática a la vez, con sus luces y sus sombras. Para contemplar esta unidad necesitamos una nueva mira-

da y otra forma de escuchar el interior de las almas
que nos ayuden a desvelar el corazón humano. Nuestro corazón es un profundo secreto que se dirige hacia
lo infinito, hacia lo espiritual, hacia lo verdaderamente
humano. Es una experiencia a la que el cine nos puede
ayudar a explicar y transmitir a los demás. Como diría
el director Andrei Tarkovski, lo que expresa entonces
el corazón no queda narrado, sino esculpido. Lo infinito puede mostrarse con lo concreto, en nuestro caso
con el amor que os dais y recibís como esposos.

Por eso me dirijo a vosotros, al matrimonio, yendo
al corazón de vuestro "nosotros conyugal". En nuestro
caminar juntos conoceremos testimonios de la belleza y
la dificultad de una ardua tarea: dejar de ser "Inués" (in-
dividualistas, narcisistas, utilitaristas y emotivistas) para
alcanzar una vida plena, situando la meta en la santidad.

Os invito a un viaje, diríamos, "multicapa": en el
ser, en el espacio, en el tiempo… Un viaje que puede
ser mera ilusión pero que os permitirá una catarsis,
una purificación interior y una liberación, con ayuda del cine. Seguiremos un itinerario *existencial*, cuyo
hilo conductor es la vocación al amor y cuya meta
será capacitarnos para construir un hogar feliz donde
se respire comunión y santidad. Será un viaje *en el
tiempo*, abarcando las cuatro estaciones del año. Para

unos, etapas superadas que os traerán recuerdos, haréis memoria y transmitiréis esos valores y esfuerzos a las siguientes generaciones. Para otros, todo serán futuribles, sueños, desconfianza y, a veces, miedos. Pero a todos os ayudará a poner luz en un camino en el que sois los verdaderos protagonistas, aunque pueda parecer incierto. Como refiere A. Tarkovski: "El amor humano es ese milagro capaz de oponerse eficazmente a cualquier especulación sobre la falta de esperanza en nuestro mundo. Lo malo es que también nos hemos olvidado de qué es el amor". Por eso, será un viaje *luminoso, arduo y esperanzador*. Os invito, durante esta aventura, a que dialoguéis sobre las luces y las sombras que hay en el amor de vuestra vida matrimonial, ya sea incipiente o auténticamente madura. Para ello, debéis entrenar vuestros sentidos para ver, escuchar, oler, gustar y tocar con el corazón.

La imagen. Cada estación del viaje se abre con una imagen que simboliza algún aspecto importante desde el que iniciar vuestro diálogo a dos. Con ellas trataréis de responder a muchas de las cuestiones que van surgiendo. *¿Cómo expresamos nuestros afectos? ¿La concordia mutua se vive o se sueña? ¿Sabemos ver con el corazón? ¿Cómo vemos nuestros orígenes, nuestra misión presente y futura? ¿Cómo y dónde fortalecemos nuestros vín-*

culos? ¿Somos capaces de detectar y sellar nuestras grietas conyugales? ¿Cómo hemos cultivado nuestro amor para que dé frutos? ¿Qué vallas ponemos a nuestra comunicación? ¿Cómo vamos entendiendo el significado de toda una vida? ¿Cómo centrarnos en la realidad y no en la fantasía?

El hogar de los protagonistas. Atravesaremos el umbral de distintos hogares, nos sentaremos a su mesa para conocer de primera mano cómo viven el amor y sus relaciones: ninguna de las familias es perfecta, pero todas están llamadas a crecer. La vuestra también. Vuestro hogar no se reduce a la casa donde vivís, sino que es la plasmación concreta de la trama de vínculos creados por quienes habéis aprendido a amaros verdaderamente. Y es en esa familia haciéndose, como iréis educando a vuestros hijos.

La palabra: diálogo a dos. Para este "hacerse familia" es esencial una buena comunicación, por eso no podéis renunciar a un diálogo fecundo después de ver juntos cada película. Cuando os sentéis a la mesa con nuestros anfitriones ahondaréis en sus almas y, al mismo tiempo, en las vuestras. *¿Cómo son sus corazones? ¿Qué ven en el otro? ¿Dónde está el centro de su interés? ¿Cómo se abren el uno al otro? ¿Cómo se aman? ¿Qué construyen juntos? ¿Cómo cumplen sus promesas? ¿Qué futuro vislumbran? ¿En qué esperanza se basan?*

¿Cómo se abren al Otro? Ese diálogo a dos podéis convertirlo en un *diálogo a tres,* invitando al Señor, ya presente en vuestro matrimonio. En esta *sentada,* donde tres corazones laten con un mismo ritmo, exponed ante Él vuestras limitaciones y miedos, vuestros deseos de cambiar la parte "pétrea" de vuestro corazón y las promesas que de ello se deriven.

Al margen de que seáis cinéfilos y os guste desgranar hasta el más mínimo detalle fílmico, lo importante es que os ayuden a ver y conocer el interior de vuestro "nosotros conyugal", que en algunos aspectos sigue dormido y que hay que despertar para que crezca sin parar. *¿Qué podéis aprender? ¿Qué podéis cambiar? ¿Qué podéis transmitir a otros?*

¿Por qué estas películas? Me he puesto algunas condiciones: que fueran de este siglo, algo diferentes y de notable calificación por los expertos (agradezco las páginas web visitadas y los buenos libros consultados). No son películas *happy-go-lucky* que solo busquen entreteneros y potenciar un narcisismo conyugal, sino que susciten preguntas y respuestas desde el fondo del corazón. Para los insatisfechos, os ofrezco un plan B para la ruta. Siento que en ocasiones aparezcan *spoilers,* pero el objetivo de este viaje es vuestro crecimiento como esposos, fortalecer el "nosotros conyugal".

Unas propuestas complementarias. Os propongo algunas prácticas o actividades para que las vayáis intercalando según vuestras posibilidades:

- Si os interesa conocer más sobre cómo seguir un itinerario como novios, trabajad en pareja o en grupo el material *Juntos en camino, +Q2* y su nueva versión para una *Itinerario catecumenal para la vida matrimonial* que podéis descargar en la web de la Conferencia Episcopal Española.

- Iniciad el viaje con una *Ruta romántica* o con una alegre *CATAquesis matrimonial*, invitados a las bodas de Caná (https://pastoralfamiliar.diocesismalaga.es).

- Descargaros la aplicación *MatrimONio* y disfrutad de lo que os ofrece para fortalecer vuestro matrimonio. Intercalad entre estación y estación un *retiro* en casa, buscad ese tiempo privilegiado. Tomad las "vitaminas" de la aplicación para seguir creciendo con fuerza. Y mucho más.

- Visitad www.matrimonioesmas.org donde podéis conocer testimonios, documentos y las mejores "recetas" para un matrimonio feliz y con mucha gracia.

1

Esto no es un noviazgo
"(500) días juntos"

M. Webb (2009) 7

Siempre es bueno comenzar por el principio, por el germen desde el que se fue gestando el "nosotros conyugal". Sin embargo, no todo inicio chispeante termina en un gran proyecto de vida. Ahora toca sumergirnos en una historia sobre el amor, de

un desamor, contada desde la perspectiva del protagonista masculino (es un ejercicio divertido verla po-
niéndonos en la piel de la chica). Su narración rompe
los moldes de las típicas películas románticas: chico
sensible que quiere casa, niños y estabilidad, mientras la chica inconformista se esfuerza en hacerle ver
que no está interesada en todo eso. Nos percataremos
que no ayuda a la preparación para el matrimonio y
la vida familiar asistir a una desproporción entre los
sentimientos y la realidad; entre la causa del sentimiento y su expresión, y entre sentimentalismo y ra-
cionalismo a la hora de llevar la relación. Por eso, to-
maremos nota de todo aquello que hay que corregir.

La imagen: las tarjetas de felicitación

Estas tarjetas desean reflejar unos deseos y unos
sentimientos, pero deben estar en concordancia con
lo que habita en nuestro corazón. Las frases fáciles
no son nada si no van seguidas de acciones que las
verifiquen en el día a día. El vehículo de comunicar
los afectos es fundamental para alcanzar una buena
relación, pero no solo pueden buscar la inmediatez,
sino que deben implicar duración y permanencia. Y
del origen y la finalidad de los afectos no nos dicen
nada las tarjetas de felicitación.

Los protagonistas: Tom y Summer

Empezamos nuestro viaje en Los Ángeles, donde pasaremos casi 500 días conociendo la relación entre Tom Hansen (Joseph Gordon-Levitt) y Summer Finn (Zooey Deschanel). Tom, aunque aspira a ser arquitecto, trabaja como escritor de estas tarjetas. Es tímido, idealista, romántico y capaz de caer hechizado al primer vistazo de la mujer de sus sueños. Siempre ha pensado que nunca sería feliz si no encontrara a la persona que lo complete. Summer es imaginativa, vitalista y bastante cínica en cuestiones sentimentales, hasta parecer un "robot sin sentimientos". Es una chica sin tapujos, miedos o convencionalismos, pero insegura.

Diálogo a dos

Emotivismo e inmadurez

¿Qué luz ilumina su camino? Su ego, sus sentimientos y emociones, su propio proyecto con todas las reservas a exponerse al otro. El mismo Gordon-Levitt habla de su personaje: "Es mayormente culpa de Tom. Está proyectando. No escucha. Es egoísta. Por suerte, al final acaba madurando". Al centrarse en su "yo", Tom desarrolla una obsesión delirante con una chica sobre la que proyecta todas sus fanta-

sías. Cree que solo Summer le dará significado a su vida. El problema es que se enamora de la idea de una persona, no de la persona en sí misma.

Estamos ante un sujeto *líquido y emotivo:* afectivamente débil y frágil, sumido en la soledad afectiva de su individualismo y que mide la verdad del amor por la intensidad de sus emociones. Así, es muy difícil que entienda el amor en clave de compromiso, donación de sí y comunión.

¿Qué dirige sus vidas? El estado de ánimo del momento, guiándose solo por sus deseos ciegos, sin ver el orden de estos, ni la verdad del amor que los fundamenta.

¿Qué consecuencias tiene? Miedo e inseguridad. Lo que dinamita la pareja es el *miedo al compromiso.* Summer deja bien claro su desinterés hacia el compromiso, que a veces toma la forma de *miedo a sufrir por amor.* "Las relaciones son problemáticas y los sentimientos hacen daño. ¿Quién necesita todo eso? Somos jóvenes. Estamos en una de las ciudades más bellas del planeta, digo, vamos a divertirnos lo más que podamos...". Por eso, interesan las *relaciones provisionales y espontáneas*, incapaces de una promesa, como si esta aplastara la libertad. Reflexionemos juntos:

- ¿Existe una contraposición entre libertad y promesa o crecen juntas? ¿Puede prometer alguien que no sea libre? ¿Podemos prometer sin antes asegurar nuestra fidelidad?

La experiencia nos dice que llevar a buen puerto una relación es algo más complicado que lo que nos cuentan las películas y las canciones de amor. Un buen noviazgo se torna más difícil en una sociedad que fomenta el emotivismo, en la que el exceso de sentimentalismo y las ansias de enamorarse conviven amigablemente, al menos en apariencia, con el cinismo, las mentiras, el sexo insustancial y rápido y la falta de compromiso.

Tom es un *analfabeto afectivo* que escribe frases románticas para otros, pero que no comunica la profundidad de sus propios sentimientos a la única mujer que le importa. No entiende de qué le hablan los afectos ni que no todos tienen el mismo valor ni toma distancia de las emociones para comprender su significado. El error está en que se identifica con sus emociones, sin percibir aquello de lo que le hablan. Pretende poner nombre a su relación, aunque le dice a Summer que aceptaría no ponerle una etiqueta, siempre que no se levante un día y deje de sentir lo mismo por él. Ella responde con un tajante: "No puedo darte eso. Nadie puede".

Las emociones no crean proyectos. La pareja que han "construido" no está basada en un proyecto lleno de esperanza por el que merezca la pena luchar y al que se han vinculado eligiéndolo, sino que está basado en una vida que se deja llevar: forman una pareja "agregativa", porque viven la relación como una especie de expansión y confirmación del propio "yo". Solo consumen relación, pero no la generan. Se mantienen juntos mientras ofrezca gratificación suficiente para contrarrestar los inconvenientes del vivir juntos. Así, solo se constituye un "nosotros" provisorio, nunca alcanzarán un "nosotros conyugal".

- *¿Hasta qué punto dejamos que las emociones interfieran en nuestro proyecto de vida? ¿Lo basamos en ellas?*

¿Por qué etapas pasan?

En 488 días pasan por distintas etapas en su relación: el primer encuentro, la atracción, el sentimiento emergiendo en forma de cursiladas, el cortejo, el enamoramiento, ¿el noviazgo? (aquí no hay nada de eso), las diferencias, la ruptura, la depresión y el recuerdo. Nada más verla, Tom se enamora de ella, y poco a poco intentará romper la barrera incrédula que ella pone frente al amor y al flechazo. Quiere suscitar en ella lo que él está viviendo y decide cortejarla: se vuelve agradable, gracioso y hace todo lo posible por ser correspondido. Surgen los "pajaritos" y los alegres bailes en la calle; le graba canciones; la lleva al parque secreto donde le cuenta historias de edificios; le diseña una tarjeta en la que se lee "I Love Us", dejando entrever que lo que le gusta es la posibilidad de tener una novia ideal, más allá de que le guste Summer como persona o no. Pero ya nos lo advirtió el cartel que anticipa esta historia: "Chico conoce a chica. Chico se enamora. Chica no."

¿Qué tienen en común? Según Tom, parece que hay mucha sintonía: a ambos les gusta la música de los Smiths y los cuadros de Magritte. Pero ¿qué les revela y qué les promete su experiencia amorosa? Si el primer acto amoroso es creer en el amor, porque se les da en promesa, ya tienen un problema. Si, además, solo la fe en lo prometido permite el inicio del camino del amor, añaden otro obstáculo. Y es que no creen en el mismo amor, no hacen la misma promesa ni vislumbran una plenitud de vida compartida.

¿Existe concordia entre ellos? No, Summer lo deja claro desde el principio: no cree en el amor o en el destino como él. Lo que está en juego no es una afinidad sentimental, sino el llegar a querer y rechazar lo

mismo. No importa que tengan las mismas opiniones o los mismos gustos, sino alcanzar un obrar común que siga el curso de unos deseos que se dirigen a un bien que los engrandece. Si desearan lo mismo harían posible el obrar en común, entrelazando el querer. Sin embargo, parece que lo que les importa es aquello que se siente cuando se vive. Así, la concordia queda reducida a una simpatía mutua, centrada en el sentir.

¿Hay noviazgo? Sin esta concordia no pueden iniciar un nuevo camino juntos ni hay un futuro en común. Aunque Tom se empeñe en llamarlo noviazgo, no deja de ser más que una amistad con derecho a roce. En ningún momento hay elección recíproca del otro como alguien *con quien prepararse* para vivir el uno para el otro y formar una familia.

- *Recordemos cómo se inició nuestro noviazgo. ¿Por qué etapas pasamos? ¿Cómo las fuimos superando?*

¿Cómo es su amor?

Dice la voz en *off*: "Esta no es una historia de amor", sino una historia del amor, de cómo el sentimiento nace y muere y al final deja marcas en la vida de los protagonistas. Sería la "historia de un desamor" y de las relaciones posmodernas.

Esta relación idílica existe solo en la cabeza de Tom. Summer es su musa romántica y su obsesión. Mientras que *ella no cree en el amor* ("Hablo de amor, no de Papá Noel", le dice Tom), *él lo idealiza*. Tom se enamora de la idea que tiene del amor y de la idealización de Summer: "Eso es enamorarse de la idea de una persona, no de la persona real".

Summer vive un amor *desconfiado* debido a las heridas sufridas por el divorcio de sus padres. Por ello, desvincula el amor del compromiso y vive al día, siendo reacia a implicarse sentimentalmente, sobre todo si Tom osa pedir algo más. Es un amor *imposible* en tanto no comparten ni el mismo enfoque ni la meta a la que se dirigen. Es un amor *romántico* y *líquido* que se alimenta de la cultura pop, hasta que se evapora.

- Verifiquemos *la verdad de su amor. ¿Es recíproco su amor?* (No). *¿Les ha hecho el amor la misma revelación a los dos?* (No). *¿Ven la misma verdad y están dispuestos a luchar juntos por ella?* (No). *¿Hay concordia mutua (querer lo mismo) en el camino a recorrer?* (No). *¿Integran las distintas dimensiones del amor (corporal, afectiva, personal, espiritual)?* (No). *Ahora, ahondemos en el nuestro.*

El tiempo y su amor

El director utiliza un montaje fragmentado que comienza en el día 488, dando saltos temporales aleatorios, hacia adelante y hacia atrás. Esta disposición de la historia es característica del cine posmoderno. Se percibe como un *tiempo fragmentado,* un relato de narrativa no lineal que marca los días como fragmentos de la relación entre ambos. Se vive como un conglomerado de momentos en el que hay poco espacio para un *incierto futuro.* El *ahora inmediato,* el único que les preocupa, convierte la relación en una mera superposición de convivencias, de roles y de tareas, en el que difícilmente cabe un proyecto a medio o largo plazo.

Tom interpreta de modo *romántico* la experiencia del amor, mientras que ella es más *utilitarista.* Al consumir el amor en el instante pierden el significado de la temporalidad para la construcción del amor verdadero. Al vivir de lo inmediato también se pierden el valor personal de la promesa, que empieza a parecerles excesiva: durará mientras persista la emoción que le ha dado lugar, pero que dejará de existir cuando no sientan lo mismo.

Quien vive un amor romántico ve el tiempo como un enemigo, como una permanente amenaza que puede dar al traste con la dimensión gratificante del amor. Por eso, tienen *miedo al futuro y a todo compromiso perdurable*, viviendo en una permanente inseguridad afectiva. Esto facilita que hoy se viva el "noviazgo" como un tiempo sin identidad, hasta "desaparecer" en ciertos ámbitos como tensión positiva entre el enamoramiento y la elección matrimonial. Hoy prevalece el "estar bien juntos" como el elemento que basta por sí solo para delimitar la realidad del matrimonio.

 - *¿Cómo se puede entender el matrimonio como una vocación de vida si se vive como una mera convivencia funcional y consensuada?*

Expectativas vs. realidad

Llegado el momento, la pantalla se divide para contar las expectativas de Tom y la fría realidad de los hechos. No deja de ser un retrato de todo lo que está mal en la cabeza de Tom: en lugar de escuchar a Summer, de respetar sus palabras y sus decisiones, se limita a proyectar en ella sus expectativas sobre el amor. Tom escucha a Summer en el karaoke y se la imagina haciendo reír a sus amigos; pasean por Ikea y se la imagina amueblando su casa nueva; se dan unos besos en el ascensor y se imagina teniendo sexo desenfrenado en la oficina; tararea *There is a light that never goes out* y se imagina saltando juntos en un concierto de los Smiths.

- *¿A qué lado miramos más en nuestra relación: a las expectativas o a la realidad?*

Al final: a la "friendzone"

Cuando ella cree que han llegado demasiado lejos decide romper la relación: "¿Quedamos solo como amigos?", situándolo en la *friendzone*. Summer se marcha, Tom lo acepta y le desea que sea feliz. Doce días después se cumplen los *500 días de Summer* (aquí se entiende mejor el título original). Tom conoce a otra chica, Autumn (*Otoño*). Pasa el verano, llega el otoño.

Meses después de la ruptura, se ven una vez más en el lugar favorito de Tom. Summer le cuenta que se ha casado, algo que le pilla por sorpresa porque en su idilio ella nunca dio señales de querer comprometerse. Tom no la entiende y ella intenta explicarse: "Simplemente me levanté una mañana y lo supe". Tom vuelve a preguntar: "¿Supiste el qué?". Ella sentencia: "Lo que nunca tuve claro contigo". Está claro que, en este caso, el supuesto "novio", "no vio".

2

Primavera con luces
"En América"
Jim Sheridan (2002) 7

Esta historia tiene en su elaboración muchos de los recuerdos personales y familiares del director: él también fue emigrante en los Estados Unidos y pudo soportar los momentos difíciles gracias a lo unido que estaba a su familia. Además, en el guion participaron

sus dos hijas -Naomi y Kirsten- y está dedicada a su hermano Frankie, que murió en parecidas circunstancias. Curiosamente, las dos niñas actrices (Sarah y Emma Bolger) que constituyen los *alter ego* de las hermanas Sheridan, son también hermanas en la realidad.

La imagen: la cámara de vídeo de Christy

Después de haber estado con Tom y Summer, ahora cambiamos a una óptica más femenina y a otro modo de mirar. Lo haremos a través de la cámara de vídeo de la pequeña Christy. Es una niña que ha llevado sobre sus hombros, desde la muerte de su hermano hasta la carga emocional de la familia, algo impropio de su edad con vistas a preservar la estabilidad familiar. Todo ello tiene mucho que ver con su fe, que se presenta "como un camino de la mirada, en el que los ojos se acostumbran a ver en profundidad" (*Lumen fidei* n. 30). Es una visión desde los ojos del corazón, con rasgos de inocencia y elementos de madurez, capaz de percibir la maravilla de las pequeñas cosas diarias que ocurren en el hogar.

- *Leamos juntos la carta encíclica* Lumen Fidei *del papa Francisco desde una perspectiva conyugal, y entenderemos la alianza entre mirar, luz, fe y amor.*

Los Sullivan: Sarah y Johnny

Hacemos las maletas y nos vamos a Nueva York para visitar a los Sullivan. Johnny (Paddy Considine), Sarah (Samantha Morton) y sus dos hijas, Christy y Ariel, forman una familia católica irlandesa que ha emigrado a después del 11-S en busca de trabajo. A ellos sumamos la presencia-ausencia de su hijo Frankie, que falleció con dos años de un tumor cerebral.

Diálogo a dos

Recuerdos del hogar en el nuevo hogar

Con ellos, reflexionaremos acerca de la familia; no sobre una familia perfecta, sino sobre una marcada por el dolor y que necesita un intenso trabajo de purificación. Sin embargo, es una familia unida y luchadora cuyos fuertes vínculos de amor hacen posible que cada miembro vaya superando con éxito sus propios fantasmas. Solo el amor es ese milagro capaz de oponerse a la falta de esperanza. Os propongo que fomentéis la cultura del recuerdo frente a la actual cultura del consumo del olvido que nos convierte en *lotófagos digitales*.

- *Dialogamos sobre algún recuerdo de cuando éramos pequeños que nos evoque ese sentimiento de vivir en familia.*

En circunstancias muy adversas –inmigración, marginación, paro y muerte–, los Sullivan luchan por salir adelante. Sin un dólar en el bolsillo, se instalan en un edifico cochambroso donde abunda gente rara. Sin embargo, la verdadera amenaza no viene de fuera, sino de una grieta interior, que solo se sellará si la familia está unida. Y en ello, Christy tendrá un papel fundamental. En esas tristes condiciones, siempre está presente la añoranza de un verdadero hogar, simbolizada por la escena de la feria en la que el padre se empeña en ganar a toda costa un peluche de ET.

- *¿Qué añoramos de nuestro primer hogar? ¿Qué hemos aportado en común al nuevo hogar? ¿Qué nos ha resultado más difícil o no hemos podido? ¿Por qué?*

Afrontando los dramas de la vida

Cada miembro de la familia es único y única es su forma de responder a las eventualidades que ofrece la vida. También ocurre en casa de los Sullivan. Mientras que la madre lo afronta con cierto voluntarismo ("Interpreta, Johnny, interpreta"), el padre lo hace con una insensibilidad cargada de odio hacia Dios ("No volverás a ver mi cara bañada en lágrimas nunca más"; "Yo no me arrodillo"). Sin embargo, las niñas lo encaran con dolor maduro, con fe en Dios y en la inmortalidad de Frankie.

Los Sullivan se hacen cercanos porque comparten los mismos recuerdos, una misma historia. Johnny y Sarah creen en la promesa que se hicieron, son custodios el uno del otro de una memoria que los vincula y así sostienen su "nosotros" en el tiempo. La memoria los despoja del dominio absoluto sobre la propia biografía, que queda confiada al otro. Por eso, ante una crisis, al recuperar las esencias del pasado accedemos allí donde están depositadas las promesas que nos ayudan a gestionar un presente doloroso con buen ánimo.

- *¿Cómo afrontamos nuestros dramas? ¿Dialogamos o los cargamos de silencios infecundos?*

Los distintos tipos de amor en el hogar

En el hogar de los Sullivan y su difícil entorno somos testigos de distintos tipos de amor: el amor conyugal, el paternofilial y el de amistad. Todos ellos tienen sus cambios en un contexto donde la vida y la muerte están presentes, reforzándolos o poniéndolos a prueba.

En su hogar se vive un amor fecundo, una entrega abierta a la vida y a dar vida. Sarah se queda embarazada de nuevo, pero donde emerge un nuevo principio de vida, también asoma cierto riesgo de muerte para ella y el bebé. Sin embargo, su fecundidad va más allá, pues inunda su "nosotros conyugal" y a quienes los rodean. El amor y la serenidad de Sarah es el apoyo emocional de su marido, el amor a la vida es connatural a ella, y todo ello se irradia en un vecindario que pasan de ser extraños marginados a prójimos.

Un hogar abierto al corazón de los demás

También somos testigos del amor de amistad entre los Sullivan y "el hombre que grita". Es su vecino, Mateo Kuamey (Djimon Hounsou), un pintor excéntrico y solitario, pero profundamente religioso, quien propiciará la salvación de la familia. Para los Sullivan representa la alteridad, al "otro". Su intensidad lo hace aparecer como antisocial, arisco y hasta peligroso para las niñas. Sin embargo, la inocencia de Ariel y la frescura de Christy derriten su soledad y abren su corazón en una sola secuencia emocional (las niñas se asustan, ríen, confían... Mateo, hosco y cerrado, llora, se alegra, demuestra cariño por las niñas).

- *¿Cómo nos abrimos al "otro" que está "fuera"? Revisemos nuestra actitud con la familia política, los amigos, los vecinos, los compañeros de trabajo... y no olvidemos a los otros más "invisibles".*

Mateo entra a la vida de los Sullivan, con sus distintas tradiciones y creencias, hasta establecer una relación de amistad. Él la vive intensamente porque se está muriendo. Asistimos cómo conviven el final cierto de la muerte y el "renacer" a la vida por su amistad con sus vecinos.

Vida y muerte: siempre presentes

Como en los Sullivan, el binomio *vida-muerte* está presente a lo largo de nuestra vida. Es lo que unifica a los Sullivan y a Mateo, a los irlandeses y africanos, a todos nosotros. La vida naciente en el vientre de Sarah y su decisión de tenerlo aún a riesgo de su propia vida. La nueva vida de Mateo que surge de gozar de una amistad y la proximidad de la muerte. En una escena se ve el montaje paralelo entre lo que ocurre en dos hospitales: Mateo agoniza y la nueva bebé Sarah Mateo Sullivan lucha en la incubadora rodeada por sus padres. "Necesitamos un milagro, Mateo", le dijo Johnny.

El amor, la fe y la esperanza: lo esencial para construir nuestro hogar

La película nos muestra que, ante la vida y la muerte, el único puente es el amor. Un *amor* que mantiene unida a la familia.

Una *fe* que los ayuda seguir unidos, pero que es puesta a prueba en repetidas ocasiones. Johnny y Mateo se enfrentan. El irlandés es pesimista ante el nuevo embarazo y ya no cree en Dios. Mateo, que no puede evitar su muerte, le reprocha que no crea en el milagro de la vida. Aunque hay una cierta confusión entre magia y fe, lo cierto es que Jim Sheridan no sitúa el sueño americano en sus claves habituales de éxito profesional y económico, sino en el éxito de la propia salvación.

Una *esperanza* que se vislumbra en cada fotograma de la película, y eso es porque hay mucho amor y también mucha necesidad de amar.

- *Reflexionamos: ¿qué amamos?, ¿en qué creemos?, ¿qué esperamos? O más bien: ¿a Quién amamos?, ¿en Quién creemos?, ¿a Quién esperamos?*

3

Primavera con sombras
"Cinco lobitos"
Alauda Ruiz (2022) 7

Todos estamos llamados a vivir la vocación al amor, expresándola en la secuencia ser hijos/ser esposos/ser padres. Es un camino en el que pasamos de un amor recibido a un amor entregado. Reconocer el primero es fundamental para que se dé el segundo.

Tanto es así, por la íntima relación entre filiación y paternidad, que "uno no puede ser padre sin aprender antes a ser hijo" (K. Wojtyla).

La imagen sonora: la canción de cuna

El título nos invita a un viaje a nuestras propias raíces o como un eslabón en la transmisión del afecto a las nuevas generaciones. Ahora, como padres, recibimos a nuestros hijos como un don, con la tarea de cuidarlos y acompañarlos en su itinerario existencial de ser hijos para convertirse en esposos y llegar a ser padres. Más adelante, serán ellos quienes nos cuiden a nosotros.

Los protagonistas: Amaia y Javi

Quedamos en visitar en Madrid a Amaia (Laia Costa) y a su novio, Javi (Mikel Bustamante), para felicitarles por el nacimiento de Ione, pero tuvimos que viajar al País Vasco, pues se habían ido a pasar esos primeros meses con los padres de ella, Begoña (Susi Sánchez) y Koldo (Ramón Barea). De la relación de estos últimos conviene tomar buena nota para cuando lleguemos al "matrimonio-invierno". Nos centraremos en las figuras femeninas de la película.

Diálogo a dos

Ser hija, esposa y madre

Amaia y Javi entran en una nueva etapa de su vida. Vamos a poner el foco en Amaia, en cómo va encajando lo que supone ser al mismo tiempo hija, esposa (sí..., es cierto, no se han casado) y madre.

Don y tarea. Como Amaia, poco a poco aprendemos que la vida puede ser maravillosa, que el amor y la maternidad son un *don*, que se nos ofrece como una posibilidad extraordinaria que implica una *tarea*, cimentada en la realidad y con vistas a la meta que perseguimos. Como dice su madre, Begoña: "Todas esas vidas que no vives son siempre ideales y perfectas, pero en algún momento tienes que decidir vivir la vida que te ha tocado". Es una tarea que conlleva salir de uno mismo, no dejarnos arrastrar por la corriente, sino sintiéndonos protagonistas de una vida que no siempre es como queremos.

- *¿Qué os sugiere: "la vida que te toca": resignación o coraje para ser protagonistas?*

Pausadamente nos acercaremos a los vínculos que unen y separan a cada miembro de la familia, no solo por lo que hacen y se dicen, sino por sus silencios. Amaia quiere ser buena hija, esposa y madre, pero no le ayuda un contexto de precariedad laboral y los conflictos de conciliación sin resolver.

Ser madre. Amaia es madre (sí, y Javi padre). Tras los momentos felices que suponen la llegada de un hijo al hogar, la película muestra honestamente cómo su maternidad está plagada de soledad, dudas, miedos, pérdidas, frustraciones o rabia. Todo ello hace que este cambio vital la sobrepase en muchas ocasiones, pero sabe que es una crisis que ha de superar. A partir de ahora todo cambiará: su relación con Javi, con sus padres, con el trabajo, con su entorno, etc. Es un período decisivo en el que se ve obligada a enfrentarse, muy rápido y en distintos frentes, a grandes cambios que desdibujan todo lo aprendido.

A Amaia le toca lidiar con el bebé mientras sigue teletrabajando y aguantando las ausencias por trabajo de Javi. Somos testigos de su angustia por no saber cómo afrontar la nueva situación y de sentirse incomprendida por los demás. Está agotada, le duele el cuerpo, el pecho al amamantar y el alma: está muy triste y no puede evitar llorar amargamente, aun sin motivo concreto. Siente demasiada carga, y la lleva sola, como la llevó su madre con su misma edad. Hasta que no pasa por lo mismo no llega a entenderla como madre, aunque se da la paradoja de que sigue necesitándola como hija.

- *¿Cómo se aprende a ser madre o padre?*

- *¿Cómo conciliamos el trabajo y la familia? ¿Qué orden de prioridades tenemos a la hora de construir nuestra familia?*

Ser hija. Desde su propia maternidad, Amaia empieza a ver con otros ojos a sus padres. "Mientras tú misma aprendes a ser madre, te preguntas '¿cómo lo hacía mi madre?' Y ganas mucha empatía y profundidad en la relación con tus padres", explica la directora de la película. Sin embargo, volver a convivir con ellos, como si viviera una separación conyugal, le cuesta. A todo ello se suma el problema de salud de la madre. De la noche a la mañana, Amaia se ve convertida en una ama de casa a la antigua usanza, con un bebé al que atender, un "marido" ausente, una madre postrada en cama y un padre bondadoso pero incapaz de colaborar en la casa. Ahora Amaia comprende, acepta y perdona las imperfecciones de su madre. Este acercamiento en el corazón le permite a Begoña sincerarse con su hija y consigo misma acerca de sus errores y sus aciertos como madre y esposa.

- *¿Cómo cambia nuestra paternidad y maternidad la forma de ver a nuestros padres?*

- *¿Nuestro ser padres implica dejar de ser hijos o al contrario? ¿Hasta qué punto olvidamos en esta primavera conyugal todo lo que hemos recibido como hijos?*

Ser esposa. No se puede decir que Amaia esté muy satisfecha de su relación con Javi, demasiado ausente de un mundo que la desborda. Como mujer trabajadora y madre tiene grandes problemas para conciliar su trabajo y la familia. Su corazón siente que todos los sacrificios caen de su parte, apenas puede comunicarse entre llantos.

- *¿Cómo cuidamos el ser esposos mientras nos iniciamos en ser padres? ¿Buscamos espacios y tiempos para dialogar y cultivar nuestro matrimonio?*

Cultura del cuidado: cuidamos y somos cuidados

Acompañando a Amaia vemos algo que ya sabíamos: nacemos y morimos; de pequeños nos pasean en cochecito y de mayores nos traen en silla de ruedas. Somos cuidados para luego ser los cuidadores. Amaia está rodeada de dependencia: por arriba y por abajo.

Somos por naturaleza vulnerables y dependientes. Todos lo somos. Y nadie es menos valioso, menos digno ni menos humano por esta situación. Todos hemos sido, algunos lo somos y todos lo seremos, un día u otro, personas dependientes. Dependemos de los demás para ser autónomos, y al servicio de los más dependientes debemos poner nuestra autonomía. Conforme nuestros padres se hacen mayores experimentamos su fragilidad. Se hace necesario engendrar las virtudes relacionadas con la dependencia: siempre hay alguien que proporciona cuidados y otro que los recibe.

En función de que veamos la dependencia como una carga o como una riqueza hará que nuestro hogar sea más o menos feliz. Nunca estaremos preparados del todo para la vida que nos toca, pero seguro que lo haremos mejor si cuidamos de los nuestros.

- *¿Dignificamos lo doméstico, nos paramos a pensar en el esfuerzo o tiempo que hay detrás de las personas que nos cuidan? ¿Dignificaríamos algo que no valoramos?*

Nos comenta la directora: "El tiempo del cuidado no es épico, ni notorio, es casi ruido de fondo, y, sin embargo, es imprescindible cuidar de nuestros seres queridos y vulnerables. He querido hablar de los cuidados desde lo emocional. Quién cuida a quién en las familias es algo que nos dice mucho sobre sus relaciones y el momento que vive una familia. Cuidar a una madre, cuando siempre fue ella quien te cuidó, es un viaje a la inversa, que tiene algo de reconciliación y de encontrarse desde otro sitio".

Primavera en precariedad

Precariedad laboral. Todo transcurre en un presente marcado por la precariedad, jóvenes exprimidos en empleos precarios, esclavos de un mercado laboral… que somete la maternidad a sus intereses. Es la *sociedad del rendimiento*. Y, aun así, se nos exige que seamos felices: "¡Tienes que ser feliz!", le dicen a Amaia. Pero la sugerencia, como perro rabioso, se revuelve contra ella hasta agravar su dolencia y soledad.

Precariedad afectiva. Además, Amaia está inmersa en una crisis emocional en los distintos frentes como hija, esposa y madre. Las ausencias y críticas de quienes la rodean, y la quieren, no ayudan a superarla.

- *¿Cómo ayudar a los recién casados a superar estas precariedades? ¿Cómo lo hemos hecho nosotros? ¿Tenemos a alguien a quien agradecer la ayuda recibida?*

El "lobo feroz" es una crisis de la esperanza

Podemos ver luces y sombras de la paternidad y maternidad en un entorno frágil y quebradizo como el que aflige de un modo verdaderamente preocupante a la sociedad occidental del bienestar en declive demográfico. Comentad los siguientes datos:

- *Retraso en la edad de maternidad.* Amaia es madre a los 35 años. Las españolas (32,3 años de media) son las que más tarde tienen sus hijos. La edad media de maternidad se ha incrementado en más de cuatro años desde 1980.

- *No todas las madres reciben ayuda estatal:* un tercio de ellas (unas 113.000) no se benefician de la prestación por maternidad (2020).

- *Cada vez hay menos niños.* Cada día en España se producen 1.198 embarazos, de los cuales 926 son nacimientos (478 nacimientos matrimoniales y 448 extramatrimoniales) y 241 son abortos (10 % en adolescentes).

- *Déficit prolongado de natalidad.* España lleva desde 1987 con un índice de fecundidad menor de 1,5 hijos por mujer. Actualmente el índice de fecundidad es de 1,18. España necesita 277.000 niños más al año para asegurar mínimamente el nivel de reemplazo generacional.

Parece que hemos cerrado la puerta de la lógica del don y hemos abierto la del dominio. Ya no se ve el futuro como posibilidad gratuita en una lógica del don. Solo queda la pretensión de un dominio en la lógica de un proyecto totalmente controlable por los protagonistas. Así, el "lobo feroz" de esta crisis de la paternidad/maternidad es una *crisis de la esperanza*.

- *Recordemos lo que aprendimos con los Sullivan en Nueva York: "El amor humano es ese milagro capaz de oponerse eficazmente a cualquier especulación sobre la falta de esperanza en nuestro mundo" (A. Tarkovski).*

Plan B para una ruta de primavera

1. **Si queréis hacer poesía el amor cotidiano**: *Paterson* (J. Jarmusch, 2016) 10.

2. **Conocer las tentaciones y el poder del perdón:** *Amanecer* (F.W. Murnau, 1927) 10.

3. **Perseverancia y fidelidad:** *El camino a casa* (Z. Yimou, 1999) 9.

4. **La soledad de una mujer:** *Charulata* (S. Ray, 1964) 8.

5. **El riesgo de aislarse demasiado de los demás:** *Una mente maravillosa* (R. Howard, 2001) 7.

6. **Conciliar caracteres diferentes:** *Mi desconfiada esposa* (V. Minnelli, 1957) 7.

7. **Un canto a la vida y a la fe en medio de las dificultades:** *El amor imperfecto* (G. D. Maderna, 2002) 6; *La canción de nuestra vida* (R. Feek, 2016) 7 [documental].

8. **Superando dificultades:** *Lazo sagrado* (J. Cromwell, 1939) 6.

9. **La conciliación familia-trabajo:** *Una pareja de tres* (D. Frankel, 2008) 6; *Tentación en Manhattan* (D. McGrath, 2011) 5.

10. **Ni se os ocurra meter a un narcisista en casa:** *Sospecha* (A. Hitchcock, 1941) 6.

11. **Que no triunfe el individualismo/hedonismo:** *Revolutionary road* (S. Mendes, 2008) 6.

12. **Navegar sin un proyecto de vida en común:** *Un lugar donde quedarse* (S. Mendes 2009) 6.

13. **Apagar el fuego con el perdón:** *Prueba de fuego* (A. Kendrick, 2008) 6.

14. **Cuando aparece la violencia:** *Te doy mis ojos* (I. Bollaín 2003) 6.

15. **Para conocer las alarmas de los primeros años:** *Comprométete* (A. D'Alatri 2002) 5.

4

Verano con luces
"In Good Company"
Paul Weitz (2004) 7

Es una comedia que habla del peligro de la deshu-
manización y la competitividad en el trabajo, la conciliación entre la vida laboral y familiar, la crisis de la me-
diana edad y el conflicto intergeneracional. Esta vez, se
centra más en los personajes masculinos, un continuo

contraste según su proyecto de vida y de cómo viven sus relaciones personales y laborales.

La imagen: la mesa familiar y el despacho de trabajo

La familia Foreman se encuentra en torno a una mesa, en el espesor de los afectos, "aunque se hayan estropeado los macarrones". La mesa es, por excelencia, el lugar del encuentro y de la hospitalidad, el medio del cara a cara. Todos sentados juntos, unos frente a otros. Se convierte en icono de la convivialidad, es decir, de la actitud de compartir los bienes de la vida y ser felices de poderlo hacer. Allí, desde pequeños aprendemos a decir: permiso, gracias y perdón. Y eso es lo que admira el joven Carter.

Los Foreman: Dan y Ann

Nos trasladamos cerca de Nueva York a la casa de los Foreman. Allí viven Dan (Dennis Quaid) y Ann (Marg Helgenberger), junto a sus hijas Alex (Scarlett Johansson) y Jana (Zena Grey).

Dan Foreman ha sobrepasado la cincuentena y es víctima de cierto edadismo (discriminación por la edad) cuando le llaman: viejo, prehistórico, dinosaurio, vejestorio... Lleva más de veinte años como jefe de publicidad de una famosa revista deportiva, con buenos resultados y magníficas relaciones con su equipo de trabajo. Varios acontecimientos dan un revolcón a su vida familiar: cambios en el trabajo, una hija que se va a la Universidad y la espera de un nuevo bebé. Es el momento de apretarse el cinturón. Para colmo, llega Carter Duryea (Tropher Grace), un joven sobrado de autoestima, para sustituir a Dan imponiendo otra filosofía de trabajo. Estamos ante dos modos de ver el mundo laboral, las relaciones personales y la misma vida: Dan es un hombre de familia en riesgo laboral, mientras que Carter un tiburón empresarial sin vida personal.

Diálogo a dos

¿Cómo viven sus relaciones?

¿La familia? Bien, gracias. El hogar de los Foreman es un espacio de encuentro personal, de buenas relaciones paternofiliales y de donación en su significado más profundo. Preocupados, a veces con más miedos que razones, por la educación de sus hijas y por protegerlas de todo aquello que pueda amenazar su felicidad. Por el contrario, Carter no puede decir lo mismo de su familia.

- *¿Qué admira Carter de los Foreman como familia? ¿Cómo es el matrimonio de Carter?*

- *En nuestra realidad, ¿nuestras acciones con quié-nes se identifican más?*

¿Hablamos? Dan siempre busca el diálogo como camino de encuentro: con sus empleados y clientes, pero sobre todo en casa. La película se centra mucho en el diálogo entre padre e hija: siempre dispuesto a hablar con ella, aunque vuelva tarde del trabajo; a abrirle las puertas de su corazón "por si se ha quedado embarazada"; para adaptarse a su decisión de ir a la Universidad, incluso cuando se entera de su nueva relación con Carter. Por su parte, Carter usa la palabra para alcanzar lo que quiere, no escucha las necesidades de los demás. Solo es capaz, y no entiende la razón, de ser sincero con Alex.

- *¿Nuestro diálogo se parece más a los Foreman o a los Duryea? ¿Escuchamos a nuestros hijos? ¿Reconocemos cuando utilizamos la palabra como arma arrojadiza o para el propio interés?*

¿Qué hacen en la cama en plena madrugada? [¡Vaya pregunta!] Ann y Dan están felices con la noticia del embarazo, aunque él se quede algo perplejo pensando cómo ha sido posible, a lo que Ann responde bromeando: "Tú deberías saberlo, también estabas allí". Dan deja claro en varias ocasiones que hay una par-

cela exclusiva de intimidad personal que no comparte con nadie más que con su mujer: cuando le explica a Carter que optar por una persona para "la madriguera" implica un compromiso de entrega total; y cuando Carter le mancha los pantalones, Dan le dice indignado: "Aquí solo me toca mi mujer". Muy sutil.

Nos vamos a casa de los Duryea. Carter anuncia a su mujer, Kimberly, que acaban de ascenderlo. No se miran. Ella no comparte el entusiasmo por la noticia y sus palabras, un "te quiero" y un "yo también a ti", suenan huecas y falsas. Desafortunadamente para Carter, su ascenso coincide con el final de sus siete meses de matrimonio y no tiene a nadie, salvo un pez, con quien compartir su felicidad.

- *¿Nos hemos acostado alguna vez de espaldas, sin hablarnos? ¿Se podría haber resuelto antes el problema?*

- *¿Por qué es tan claro Dan en lo que se refiere a su intimidad y exclusividad? ¿Diríamos nosotros lo mismo (con otras palabras, claro)?*

¿Son bienvenidos los hijos? Dan y su mujer, en la consulta del ginecólogo oyen emocionados los latidos del corazón de su hija. Su historia de amor está abierta a la vida, comprometidos en la educación y la formación de sus hijas y en establecer relaciones familiares

basadas en la generosidad, el respeto y la sinceridad. Su relación es de auténtico amor y por eso sigue generando "vida". La forma de afrontar la nueva etapa de la vida de Álex muestra a unos padres solícitos, preocupados y comprometidos con su formación, pero, al mismo tiempo, con un gran respeto por la autonomía y la libertad que va adquiriendo con la edad.

Aunque Carter dice que quiere tener hijos, su mujer le deja meridianamente claro que no quiere tener hijos con él, que ya se lo había advertido en la segunda cita.

- *Respecto a la apertura a la vida: ¿estamos con Ann o con Kimberly?; ¿entendemos y ejercemos una paternidad-maternidad responsable?*

¿Solo o acompañado? La vida no es la misma cuando la familia te espera en casa. Dan puede llegar abatido a casa, pero siempre le espera una tierna caricia de su mujer antes de dormir. Carter duerme solo en el sofá del despacho. Del mismo modo, cuando uno cultiva bien sus relaciones se rodea de buenos amigos. Todos acuden a la fiesta de cumpleaños de Dan, mientras que Carter tiene que autoinvitarse el día de su aniversario, pues está solo.

- *¿Cómo cuidamos la "máxima amistad" que es nuestro matrimonio?*

- *¿Cómo conservamos nuestras amistades? ¿Qué valores nos ayudan a enriquecer una amistad auténtica?*

¿Cómo viven el trabajo?

Dan tiene mucha experiencia en su trabajo y en la relación con las personas, con una conciencia clara de dónde se basa la importancia de una compañía: "En su gente». Es un referente de "ética y empresa"; una persona madura y equilibrada en las que familia y trabajo están vinculados.

Carter llega agresivo y despiadado ("¡Voy a machacar el mundo por ti! ¡No voy a hacer prisioneros! ¡Me volveré un asesino!"). Ve la revista como un simple producto que hay que vender al mayor número de personas al precio que sea. Al carecer de vida familiar, está totalmente volcado en su trabajo: duerme en su despacho, llama al trabajo los domingos, hace ejercicio en casa mientras trabaja. Todo ello repercute en el resto de sus relaciones. ¿Qué hace cuando quiere celebrar su ascenso? Comprarse un Porsche. Con él ya puede decir: "¡A por ellos!". Al final, coche roto, matrimonio roto.

- *¿Cómo vivimos nuestro trabajo y qué prioridad damos a la familia? ¿Somos distintos en los dos ámbitos? ¿Por qué?*

Sinergia versus *comunión.* El lema de la empresa, "Sinergia", se queda corto para Dan. Él va más allá de una simple cooperación para alcanzar un éxito final. Entiende que, incluso en el trabajo, debe haber una implicación más personal, que no es más importante crear vínculos para alcanzar el éxito, sino que se alcanza el éxito creando vínculos entre las personas. Por eso, para Dan, son humanos con otros seres humanos como clientes ("Creo en la empresa"; "Son mis chicos"; "Son mis clientes").

- *¿Cómo distinguir si nuestra meta conyugal es la simple sinergia o la comunión de personas? ¿Cuáles de nuestras acciones conyugales fomentan una cosa u otra?*

Sociedad del rendimiento. Está representada por Teddy K (sin ética, capaz de todo para satisfacer su ego, todo lo ve como objeto a poseer) y su acólito Mark, ambicioso sin medida, sin ningún escrúpulo, con un "yo" tan obeso que no deja espacio para los demás: "Prefiero no tener una relación personal". Acuden a la manipulación del lenguaje hasta deshumanizar y "canibalizar" el trabajo. Carter no deja de ser un esclavo de esta sociedad del rendimiento, algo por lo que no pasa Dan.

- *¿Dónde están nuestras prioridades en el trabajo? ¿Nos hemos sentido esclavos por rendir de modo que ha afectado nuestro proyecto familiar?*

- *Volvemos a la misma pregunta: ¿Qué podemos hacer para conciliar familia y trabajo?*

¿Cuáles son sus proyectos de vida?

Hay una escena en la que se muestra el contraste entre ambos proyectos de vida. Por un lado, los Foreman firman ("aquí, aquí y aquí") su segunda hipoteca para los gastos de la Universidad y del bebé que va a nacer. Se miran con amor, satisfechos. Por otro lado, Carter está firmando ("aquí, aquí y aquí") su divorcio. Termina con una mirada al suelo, solo y triste.

El gran error de Carter fue que no supo organizar su proyecto de vida. Descuidó totalmente la parte afectiva –las relaciones humanas– y rompió el equilibro necesario para que la vida tuviera sentido. Su relación con los peces es el paradigma de su falta de vínculos auténticos, buscando su atención a través de un cristal y sin posibilidad de obtener ninguna respuesta, porque entre ellos hay un muro casi imperceptible (cristal y agua) pero infranqueable.

Su encuentro con los Foreman le abre los ojos. Tiene buenos sentimientos (le duele la ruptura con su mujer; quiere evitar que despidan a Dan; siente

añoranza por la vida de familia; se enamora sincera-
mente de Álex...), pero tiene que reelaborar su nuevo
proyecto de vida.

- *Es un buen momento para detenernos y evaluar el
proyecto de vida que hicimos juntos.*

Desenlace: ¿una vida de sentido?

Dan Foreman es un hombre feliz. Inicia cada
mañana con un beso a Ann y concilia lo mejor que
puede su vida afectiva familiar y su actividad laboral.
Vemos que, en ese camino hacia la felicidad, los Foreman tienen claro dónde poner sus cimientos: en el
amor, donde su entrega y acogida mutua se mueven
en espacios de libertad, un amor fecundo que siempre está abierto a la vida.

Con una nueva mirada a la vida, Carter quiere
que su vida tenga el significado y el sentido que para
Dan. Sabe ser agradecido: "Nadie se había tomado
la molestia de ponerme las cosas difíciles ni de ense-
ñarme nada que mereciera la pena". Seguro que le
irá bien y, sin duda, se sentará en una mesa familiar.

5

Verano con sombras
"El viajante"
Asghar Farhadi (2016) 7

Es una de las tres películas consecutivas en las que el director ha sido capaz de representar problemas conyugales, cada una con un matiz que las hace únicas. La unión y el amor matrimonial es un edificio a menudo inestable, dice Farhadi, es

necesario cuidarlo heroicamente para mantenerlo en pie.

La imagen: la grieta del hogar

Es de noche. Gritos, pánico cuando todo parece que se derrumba. Nos asomamos por la ventana y creemos que la causa esta fuera, pero lo cierto es que no hace más que remover problemas internos que nunca han sido resueltos. ¿Es demasiado tarde? Vemos vidrios resquebrajados y nos impresiona la gran grieta que corona el lecho conyugal.

- *¿Será también aquel sólido hogar, un edificio en ruinas?*

Una grieta que simboliza las que existen en los corazones. Y ocurre muchas veces que abandonamos la "fuente de agua viva", para cavar nuestros aljibes, aljibes agrietados que no retienen agua (*cf.* Jer2, 13). Estas grietas terminan afectando a distintos ámbitos de la vida, separando todo lo que el amor ha unido: la criatura de su Creador, la mujer del hombre, los padres de los hijos, el alma del cuerpo.

- *¿Será el matrimonio lo suficientemente fuerte para resistir y mantenerse en pie tras el zarandeo de sus cimientos?*

Los Etesami: Emad y Rana

Llegamos a la ciudad iraní de Teherán para conocer a Emad (Shahab Hosseini) y Rana (Taraneh Alidoosti), aunque por desgracia hemos llegado algo tarde, pues se han cambiado de domicilio. Luego nos enteramos de que se vieron obligados a mudarse por riesgo de derrumbe del edificio donde vivían. Su nuevo hogar parece ideal para su proyecto de concebir a un hijo, lo que no sabían son las consecuencias que les acarrearía su inquilino anterior.

Emad es un profesor querido por sus alumnos. Rana, ama de casa. Ambos son cultos y comparten la pasión teatral. Cuando fuimos a visitarlos estaban ensayando *La muerte de un viajante,* de Arthur Miller. Esto nos permite asistir a una doble puesta en escena que se desarrolla en paralelo. Por un lado, la *vida real* que asiste a un derrumbamiento de un hogar sólido ante un hecho circunstancial y grave. Por otro, la *vida ficticia* que protagonizan en la obra de teatro y en la que, sumidos en su tragedia personal, exteriorizan los sentimientos que no dejan aflorar en su vida diaria. Es en este escenario emocional paralelo donde buscan unas respuestas que no los llevarán al punto de partida como esperan, sino a un lugar más oscuro donde todo habrá cambiado para siempre.

- *Llega la mudanza, ¿qué nos llevamos?, ¿también nuestras grietas interiores?*

Diálogo a dos

La herida que agranda la grieta

Su vida tranquila se desvanece cuando una noche Rana, que espera a su marido para cenar, deja la puerta abierta pensando que es él y es atacada mientras se está duchando. Con mucha sutileza, todo hace indicar que ha sido asaltada sexualmente, pero ni Emad, ni nosotros llegaremos a saberlo. En el hospital, los vecinos piensan que pudiera ser un "habitual" de la anterior inquilina ("una libertina", según un vecino).

El problema de las grietas conyugales es que dejan salir a la luz viejas diferencias, que se hacen visibles, a modo de escape, mientras actúan en el escenario, único ámbito en el que ambos se permiten exteriorizar su malestar. Aunque es peor lo que no sale y debería salir: conflictos negados que terminan siendo más nocivos que los enfrentamientos explícitos. El miedo a lo que pueda suceder o a lo que puedan pensar los demás siempre es más grande que lo que realmente sucedió. Es como una losa que lo hunde todo.

Rana llega a casa, en silencio y tremendamente triste. Emad la cuida, pero apenas cruzan palabra. Vemos que este hecho, y sus consecuencias, abre una grieta en su vida conyugal. Ella cambia tras el incidente, mientras que él se comporta demasiado normal, aunque poco a poco comprobamos la existencia de unos vasos comunicantes tan fuertes que es imposible permanecer ajeno a los problemas del otro.

- *¿Hemos detectado grietas, aunque sean pequeñas, en nuestro matrimonio? ¿Hacemos algo para sellarlas?*

Remolino de sentimientos

El aire de la vida que circula por estas grietas termina originando un remolino de sentimientos en el interior de cada uno de ellos: el dolor profundo que se silencia y no se comunica, la humillación, el miedo, la culpa, la venganza y hasta el perdón.

Cada uno afrontará lo sucedido desde una perspectiva necesariamente distinta, contradicciones y sentimientos encontrados, donde les resulta difícil posicionarse en la postura del otro, manifestando la fragilidad de su relación matrimonial.

- *¿Somos conscientes de las consecuencias de no sellar las grietas reconocidas?*

¿Cómo está Rana?

Rana se siente humillada y ultrajada, tiene miedo. Apenas puede dormir y no quiere estar sola. Necesita ayuda, no se encuentra bien. En su mirada triste captamos el desgarro y la vergüenza. Se siente culpable por no haberlo evitado con tan solo haber preguntado cuando sonó el porterillo automático. Su dolor interior es tan grande que se ve incapaz de volver a relatar los hechos ante la policía, sobre todo sabiendo cómo es vista la mujer en su país. Dolor que aumenta cuando piensa que a su marido solo le importa lo que piensen los vecinos.

- *¿Qué hay detrás cuando silenciamos al cónyuge lo que nos atormenta? ¿Somos conscientes de la importancia de compartir el dolor y pedir ayuda?*

¿Cómo está Emad?

El comprensivo y cariñoso Emad también cambia tras el incidente. Empieza a ponerse nervioso por los repetidos noes de Rana a todo. De su pragmatismo inicial pasa a la humillación, a la desesperación y a la sed de venganza. En principio, aunque su intención es protegerla, paradójicamente se distancia cada vez más de ella por no ver lo que sucede en su corazón. Está demasiado empeñado en saber el porqué: "Tengo que encontrar a ese tipo". Encuentra el móvil y las llaves de la camioneta que olvidó el atacante en su huida. Sigue la pista del vehículo y localiza a su dueño. Empieza a trasladar su rabia en el escenario e inicia un descenso a los infiernos, con la venganza como viaje sin retorno.

- *En la secuencia humillación – desesperación – venganza, ¿no está olvidando poner el centro en ella, situándolo solo en lo que él siente?*

Un plato difícil de digerir

Se sienten asqueados por todo lo ocurrido, cada uno a su manera. Es un plato difícil de digerir, como la rica pasta que ha preparado Rana. Emad se percata de que se ha pagado con el dinero que dejó el atacante como "pago". Sienten tal repulsión que tienen que dejar de comer. Empiezan a asomar las grietas en su relación, en su trabajo y sobre todo en su interior. El riesgo de derrumbe ya no será de un edificio sino afectivo y, aún más, existencial.

- *¿Qué cosas nos cuesta "digerir" del cónyuge? ¿Lo hemos hablado? ¿Hemos llegado a la causa que origina esta dificultad?*

Desenlace: lo único que sella las grietas

En una intensa escena final asistimos al dramático enfrentamiento de Emad con el "viajante" que se dejó llevar por la tentación, donde el profundo debate interno de Emad es mucho más "visible" que lo visible. El viajante pide perdón, se encuentra mal. Emad, animado por Rana, descubre que lo único que puede sellar las grietas es con el amor del perdón. No se puede aliviar el dolor propio generando dolor en los demás.

- *¿Qué lugar ocupa el perdón en nuestras relaciones? ¿Nos cuesta trabajo? ¿Por qué?*

Emad y Rana se miran en silencio. Ella sale a la calle. Emad sale de la casa y apaga la luz.

Plan B para una ruta de verano

1. **Si crees en las segundas oportunidades desde el cielo:** *¡Qué bello es vivir!* (F. Capra, 1946) 10; *Family Man* (B. Ratner, 2000) 6.

2. **Hacia la desolación del divorcio:** *Nader y Simin, una separación* (A. Farhadi, 2011) 9; *El pasado* (A. Farhadi, 2013) 8; *Historia de un matrimonio* (N. Baumbach 2019) 7; *Kramer contra Kramer* (R. Benton, 1979) 7; *Historia de lo nuestro* (R. Reiner, 1999) 6; *Después del amor* (A. Parker, 1982) 6.

3. **Luchar juntos en causas justas:** *Loving* (J. Nichols, 2016) 8; *Amazing Grace* (M. Apted, 2006) 7; *Un reino unido* (A. Asante, 2016) 7.

4. **Dar la vida por los hijos:** *La vida es bella* (R. Benigni, 1997) 8; *Un lugar tranquilo* (2018) 8; *Cinderella Man* (R. Howard, 2005) 7.

5. **El dilema de la "sangre" o la "vida":** *De tal padre, tal hijo* (H. Koreeda, 2013) 8.

6. **Sellar las grietas con el perdón:** *El velo pintado* (J. Curran, 2006) 8; *La vida prometida* (R. Wargnier, 1999) 8; *Luz silenciosa* (C. Reygadas, 2007) 8.

7. **No estar ciegos ante el otro:** *Jane Eyre* (C. J. Fukunaga, 2010) 8; *Love & Honor* (Y. Yamada, 2006) 8.

8. **Cuando la adicción entra en casa:** *Días de vino y rosas* (B. Edwards, 1962) 8; *Cuando un hombre ama a una mujer* (L. Mandoki, 1994) 6.

9. **Vivir en una mentira laboral:** *Sonata de Tokio* (K. Kurosawa 2008) 8.

10. **El vértigo de la infidelidad:** *Infiel* (L. Ullman, 2000) 8; *Los descendientes* (A. Payne, 2011) 8; *Infielmente tuya* (P. Sturges, 1948) 7.

11. **La fe ante la enfermedad:** *El aceite de la vida* (G. Miller, 1992) 7.

12. **Aprender a discutir:** *La costilla de Adán* (G. Cukor, 1949) 7.

13. **Cuidado con la rutina en el matrimonio:** *Siempre hay un mañana* (D. Sirk, 1955) 7.

14. **Oportunidad para madurar el amor:** *Te querré siempre* (R. Rossellini 1954) 7; *Separación peligrosa* (A. Korda, 1945) 6.

15. **Cuando aparece el cansancio conyugal:** *Dos en la carretera* (S. Donen, 1967) 7.

16. **Cuando invaden el vacío, el egoísmo y la comunicación tóxica:** *American beauty* (S. Mendes 1999) 7; *Secretos de un matrimonio* (I. Bergman

1973) 7; *¿Quién teme a Virginia Woolf?* (M. Nichols, 1966) 6.

17. **Abiertos a la adopción:** *Familia al instante* (S. Anders, 2018) 6.

18. **Atentos a las avalanchas que nos separan:** *Fuerza mayor* (R. Östlund, 2014) 6.

19. **Inmadurez líquida y banalizar la educación afectivo-sexual:** *El primer día del resto de tu vida* (R. Bezançon, 2008) 6; *Una historia de Brooklyn* (N. Baumbach, 2005) 6.

6

Otoño con luces
"Another Year"
Mike Leigh (2010) 8

El director nos habla de las distintas etapas de la vida y de la importancia de estar rodeados de gente que nos quiera. Y es que el tiempo pasa, y nosotros con él, pero ¿realmente, como nos sugiere el título, es tan solo otro año más en una larga y fallida con-

secución de días y meses? Al igual que este libro, la
película sigue una estructura como las estaciones del
año. En ese devenir pasan el amor y la tristeza, el diálogo y la incomunicación, la esperanza y la frustración, la vida y la muerte. Son estos contrastes los que
hacen que la historia cotidiana de una pareja otoñal
valga la pena y despierte nuestro interés: frustraciones afectivas, crisis de la edad avanzada, ataques de
soledad crónica, incomprensión intergeneracional e
incomunicación.

La imagen: jardines y huertos

A pesar de que la película transcurre en la ciudad, hay una predilección por los jardines y los huer-
tos. A nuestros protagonistas se les ve juntos en la
tarea de cuidar el jardín y el huerto que tienen a las
afueras. Cuando le preguntamos al director qué cla-
se de significado ve en el hecho de que les guste la
jardinería, contesta: "Bueno, ellos cultivan, y la película va un poco sobre eso, la naturaleza cíclica de
la vida".

Pues, de eso se trata, de que el "nosotros conyugal" sea un huerto bien regado, un manantial de
aguas que no engañan (*cf.* Is 58, 11).

Los Hepple: Tom y Gerri

Nos trasladamos a un barrio residencial de Londres. Allí viven los Hepple, un matrimonio sólido y compenetrado. Gerri (Ruth Sheen) es terapeuta-consejera y Tom (Jim Broadbent) ingeniero geólogo. Son felices, aunque están algo preocupados por la soltería de su hijo Joe (Oliver Maltman). El matrimonio es el vivero donde el resto de los personajes acude para hallar cobijo y consuelo, un hogar abierto a quienes se acercan.

Diálogo a dos

Cultivando el jardín de los afectos

Llegar al otoño del matrimonio no implica que se renuncie a seguir cultivando los afectos conyugales. Tom y Gerri se besan continuamente, de un modo natural e integrado en su vida cotidiana; se abrazan y se alaban con las palabras y los gestos… El mismo Tom no lo da por supuesto y le dice a Gerri: "Eres hermosa en todos los sentidos, y lo sabes".

El matrimonio comparte muchas cosas: sus tareas en el huerto, la lectura antes de dormir, la acogida a los amigos… Por eso Mary le dice a Gerri: "Es maravilloso que Tom y tú lo hagáis todo juntos", con una envidia sana de ver que se tienen el uno al otro, no como ella, que tiene su "jardín" abandonado. Y es que el "jardín" de los Hepple está cultivado y regado con una buena comunicación: hablan de sus trabajos, se les ve interesados por la tarea del otro y siempre preguntan por los demás.

- *¿Cómo hemos cultivado los afectos durante estos años de matrimonio? ¿Cómo los expresamos?*

Un hogar hospitalario sabe iluminar

Toda esta tarea conyugal les ha permitido crear un hogar capaz de acoger a todos los que se acercan, de escucharlos y ponerse a su altura con paciencia y comprensión. Gracias a su fructífera unión, quienes están abrumados por la desesperanza, la soledad, la culpa y la tristeza, encuentran refugio en ellos. Son una tierra fértil donde poder enraizar el cariño que todos necesitamos.

Por su vida pasan personajes solitarios que se niegan a aceptarlo o que necesitan madurar enfrentándose a sus errores, o que son aparentemente felices pero que todo lo han construido sobre una sutil mentira cuyo velo emocional les impide ver la verdad. Mary (Leslie Manville), amiga y compañera de Gerri, tiene problemas para asumir su edad y su soledad; Ken (Peter Wight), un viejo amigo de Tom que se encuentra algo a la deriva al no envejecer a gusto, solo y temiendo la jubilación, y Ronnie (David Bradley), el hermano mayor de Tom, que acaba de perder a su esposa.

En el hogar de los Hepple encuentran un foco de luz capaz de abrir puertas de esperanza, incluso para Mary. Es una luz que llega hasta el corazón, mostrando una mano amiga que lo saca a uno del pozo y siga caminando con nosotros. Es la luz del amor la que nos permite ver un nuevo horizonte más pleno.

- *¿Es nuestro hogar acogedor para los que sufren? ¿Estamos atentos a quienes nos rodean? ¿Somos luz, somos sal para ellos?*

Regar con una buena comunicación

Si en el inicio de la película, a modo de prólogo emocional, se muestra la dificultad para conversar cuando una de las personas no da facilidades (Imelda Staunton), a lo largo de la historia vemos la capacidad de escucha de los Hepple. Al final, esa felicidad que todos buscan solo se va descubriendo en torno a una palabra que trenza los vínculos entre las personas que necesitan seguir el camino del amor y la comprensión.

- *¿Nos escuchamos verdaderamente? ¿En qué ocasiones no lo hacemos? ¿Cómo podríamos superarlo?*

La mala hierba del edadismo

Es cierto que todo el "jardín" de quienes rodean a nuestros protagonistas dan un tono algo triste, mostrando la vejez como un problema para quienes la sufren o la tienen cerca en familiares y amistades. Ya lo dice Ken: "Los carrozas ya no pintamos nada, todo es para los jóvenes". Luego reconoce que cuando era joven era igual. Los jóvenes no hacen más que ruido, un privilegio para la juventud, según Tom.

El contrapunto lo pone la novia de Joe al responder si le resulta aburrido cuidar de ancianos: "¡Que va, me encanta! Todos lo seremos algún día…".

- *¿Qué actitud tenemos con los más mayores?*

- *Si ya somos mayores, ¿cómo nos relacionamos con los más jóvenes? ¿Seguimos un envejecimiento activo?*

La metáfora de Mary

El personaje de Mary es esencial en la historia, ya que aporta una cuota de tristezas y desaciertos que balancea la sabiduría natural de los Hepple. Separada y sin pareja, inestable e insegura, anda errante sin un horizonte claro. En su "jardín" solo quedan las oportunidades perdidas y la triste soledad, de ahí que perciba la fragilidad del tiempo y de su desarraigo y busque tener alguien a su lado, aunque sea solo para conversar. Tan solo el alcohol y la compañía de los Hepple son capaces de calmar sus penas. Mary debe afrontar una grave crisis de identidad apoyándose en ellos, quienes la proveen de la complicidad necesaria para desvelar el profundo vacío emocional que ella misma ha intentado enmascarar. Y es que no sabe manejar sus afectos y se hunde cada vez más.

- *¿Hay "Marys" entre nuestros amigos y familiares? ¿Cómo actuamos con estas personas? ¿Qué hacemos donde vemos que hay soledad y necesidad de amor?*

Final

Vidas sencillas y normales pueden convertirse en dadores de vida. Nuestro amor conyugal, que bebe de un manantial de agua viva sacramental, ha de convertirse en una dádiva que va más allá de nuestro matrimonio y de nuestra familia.

"Y yo, como canal que deriva de un río, como acequia que atraviesa un jardín, dije: «Regaré mi huerto y empaparé mis eras». Y he aquí que el canal se me convirtió en un río, y el río se convirtió en un mar" (Eclo 24, 30-31).

7

Otoño con sombras
"Fences"

Denzel Washington (2016) 8

Es la adaptación cinematográfica de la obra de teatro escrita por August Wilson en 1983. Muchos críticos la han comparado con *Muerte de un viajante*, por la batalla filial que se encuentra en el núcleo de la obra. Sin embargo, se parece más al

Rey Lear, un hombre descomunal de descomunales emociones, arruinando todo lo que más amaba. Como Lear, Troy muere despojado. A diferencia de Lear, Troy, al final, es perdonado, e incluso, tal vez, redimido.

La imagen: las vallas de nuestro corazón

El título, *Fences*, quiere decir "vallas" (en plural). Gran parte de la historia ocurre el patio trasero de la casa, allí donde Troy (Denzel Washington) quiere construir una valla, aunque no deja claro para qué. Su amigo Jim Bono fue más intuitivo y profundo: "Unos ponen vallas para que no entre nadie, y otros las ponen para que no salga nadie. Rose os quiere retener a todos, os quiere". En ellas vislumbramos esas barreras metafóricas que ponemos en nuestro corazón o en nuestro hogar. Así, Troy es incapaz de percatarse cómo las vallas se convierten en las barreras que le impiden conectar con sus hijos y que le llevan a distanciarse de su mujer. Era su corazón lo que estaba vallando. A diferencia de Troy, Rose (Viola Davis) apunta la necesidad de no parapetarnos tras cercas que nos aíslen, porque solo se encuentra el equilibrio personal en la apertura a los demás.

- *En nuestro hogar, ¿construimos vallas para aislarnos o para preservar la unidad?*

- *¿Qué vallas tiene nuestro corazón que nos impiden comunicarnos y entregarnos?*

Los Maxson: Troy y Rose

Tras despedirnos de los Hepple en Londres viajamos en el espacio hacia Pittsburg (Pensilvania), y en el tiempo hacia finales de los años 50. Nos colamos en el patio trasero de los Maxson. Allí vemos reunidos frecuentemente al matrimonio formado por Troy y Rose. Troy, de 53 años, es un antiguo jugador de béisbol que aspiraba a ser deportista profesional, pero que jamás pudo conseguirlo por ser negro. Ahora se gana la vida como empleado municipal de recogida de basuras y proyecta toda su frustración sobre su familia. Rose lleva dieciocho años casada con él, es todo corazón, cuida de su familia, acoge a todo el mundo, suaviza las aristas de su marido con sus hijos y no deja de acudir a los servicios religiosos.

Con ellos vive su hijo Cory. Y reciben frecuentes visitas de Lyons (el hijo de Troy de un matrimonio anterior), Gabriel (el hermano enfermo de Troy) y de su buen amigo Jim Bono.

Diálogo a dos

Demasiadas heridas del pasado

Troy vive un *tiempo roto*, atrapado en el pasado, con un corazón muy herido. Arrastra en su vida los abusos paternos, el abandono del hogar siendo adolescente, el delito y la cárcel, y la frustración de haber sido un prometedor jugador de béisbol que nunca llegó a las Ligas mayores por ser negro. Es incapaz de superar este pasado opresivo y afrontar el futuro con amor y confianza en los suyos.

Rose es muy consciente del tiempo que le ha tocado vivir. Trata de hacer ver a su marido que los tiempos y las personas han cambiado. Sabe vivir el presente y tiene esperanza en el futuro. Sabe sacar la lección del pasado, no le gustan las medias tintas, nunca ha querido tener una familia "medio-algo". Por eso, siempre ha luchado por tener una familia unida.

- *¿Qué heridas del pasado persisten en nuestro corazón? ¿Cómo nos podemos ayudar a superarlas?*

Dos corazones: uno de piedra, otro de carne

"Nada me sabe a nada", repite el corazón frustrado de Troy, donde pesa demasiado ese tiempo roto que le impide integrar el pasado, gozar del presente y tener esperanzas en el futuro. Esa frustración ha construido una "valla" que lo ha encerrado en su propia cárcel. Y tras ella, se autoengaña con el alcohol y manejando mucha labia. Una frustración que le lleva a malentender la responsabilidad de cuidar de su familia, con un discurso equivocado al pensar que todo lo hace por ellos y que es su obligación. Quizá sea la deriva de un hombre que se ha hecho a sí mismo, superando muchas dificultades y sacando su familia adelante con gran esfuerzo. Parece alcanzar su meta cuando le nombran conductor del camión de la basura.

Frente al torbellino voluble de Troy, Rose tiene un corazón fuerte y lleno de sabiduría. Es sólida como una roca, cimiento y auténtico corazón de la casa, donde todos se apoyan. Es muy consciente de las heridas y cicatrices de su marido, capaz de ver más allá y ver lo bueno que hay en él a pesar de esa corteza dura y egoísta.

- *¿Sabemos canalizar nuestras frustraciones?*

- *¿Creemos en la importancia de la corresponsabilidad, de que somos los dos quienes construimos el hogar?*

Una afectividad vallada

En el hogar de los Maxson la afectividad fluye en el ambiente. Pero es una afectividad reprimida, "vallada", en la que los corazones apenas saben hablar en el mismo lenguaje. No es difícil comprobar cómo Troy es un *analfabeto afectivo*, a pesar de que tampoco sepa leer, pues piensa que entregar su salario para mantener su familia no va ligado a la obligación de tener que demostrarles cariño y afecto, que esa no es su responsabilidad. Es incapaz de comprender las necesidades afectivas de los demás y que, aun queriéndolos con toda el alma, no puede evitar infligirles mucho daño y causarles mucho sufrimiento. Sin embargo, Rose es todo corazón, con una madurez que le permite convivir con un corazón demasiado "vallado" como el de su marido...

- *¿Cómo nos demostramos nuestros afectos? ¿Qué tipo de afectividad me cuesta expresar a mi cónyuge?*

- *¿Le he pedido que me haga ver aquello que yo no puedo ver por mi ceguera afectiva?*

Hablas y no escuchas

Troy es la paradoja de quien maneja mucha labia, pero escucha poco. Es un torrente discursivo que pretende centrarlo todo en su mundo, como si el silencio pudiera sacar sus peores fantasmas. Por eso, su hijo Cory le dice: "Nunca escuchas a nadie. Te da miedo que sea mejor que tú". Mientras Rose, apoyada en la cocina o sentada en el patio, escucha callada, medita en su corazón y no usa la palabra como dardo venenoso.

- *¿Qué hay detrás de nuestras verborreas superficiales o de nuestros silencios reprimidos?*

- *¿Les habría ocurrido lo mismo a los Maxson si se hubieran comunicado mejor?*

- *Practiquemos estos días diciéndonos: ¿Qué te hace falta? ¿En qué puedo ayudarte? ¿Puedes ayudarme?*

¿Quién da más?

Troy no entiende lo que significa vivir en la lógica del don, está demasiado convencido de que da mucho: "Llego aquí todos los viernes con un saco de patatas y un cubo de manteca y hacéis cola para poner la mano. Te doy la pelusa de mis bolsillos. Te doy mi sudor y mi sangre, pero no tengo lágrimas, ya no me quedan… No puede dar nada más". Aunque para Cory, su hijo, no le ha dado nada, solo miedo. Tristemente, da lo que tiene, pero no lo que es. Da cosas, pero no se da a sí mismo. No es consciente de que recibe mucho más de lo que da.

Rose sabe lo que es darse en el día a día, a pesar de que se topa con un corazón "vallado" incapaz de recibir lo que se le da. No hace distinciones de sangre, hace "hijos" o "hermanos" a los que no lo son.

- *¿Qué esconde el pensar que soy el único que da en el matrimonio?*

- *Cuando hablamos de dar y recibir, ¿solo pensamos en las cosas materiales? ¿Damos cosas o nos damos a nosotros mismos? ¿Reconocemos lo que recibimos? ¿Damos gracias por todo ello?*

- *Hagamos una lista de diez "cosas" (en su amplio sentido) que cada uno haya dado y que haya recibido del otro. Luego las comentamos en pareja y cada uno da gracias al dador de cada don.*

Nada como un amigo

Troy cuenta con un gran amigo, Jim Bono, pero no sabe valorar su amistad cuando más necesaria es. Jim intenta hacerle ver los errores que puede llegar a cometer con determinadas conductas y le advierte: "Rose te mantendrá en el buen camino y si te desvías ella te corregirá". Al final, el propio Jim termina por alejarse del espectáculo de autodestrucción de Troy.

- *¿Solo mantenemos los amigos que nos dicen lo que queremos oír? ¿Cuándo fue la última vez que un amigo nos hizo ver un desvío de nuestro buen camino?*

- *Practiquemos estas semanas, con mucho cariño, la corrección fraterna.*

Padre autoritario y madre generosa

Troy es un padre autoritario: "Yo soy el jefe en esta casa y se hace lo que yo digo". Muestra el rigor con sus hijos, sobre todo con Cory, en quien proyecta sus frustraciones, convencido de que los tiempos no han cambiado y su hijo no tendrá mejores oportunidades que las que él tuvo. Sin embargo, ese rigor no se lo aplica a sí mismo.

Ya hemos visto que en Rose su maternidad va más allá de la sangre, acogiendo a los que no son suyos y dándoles todo el amor que puede. Desde esa actitud, fomenta la piedad filial, sus hijos la respetan, les da la debida libertad y no les corta las alas, sino que les enseña a volar. Sabrá anteponer su amor de acogida a su dolor conyugal: "Desde ahora esta niña tiene una madre, pero tú te has quedado sin mujer".

- *¿Cómo entendemos la autoridad en el hogar? ¿La ejercemos de modo corresponsable entre los dos?*

Cuando las vallas bloquean la fidelidad

El bueno de Jim ya advirtió a Troy que los juegos y risas con la chica que conoció en el bar son algo peligroso. Más tarde, Troy confiesa a Rose que lo que empezó como un arbustillo se ha convertido, de repente, en todo un bosque. Y lleva un anuncio: "Voy a ser padre con otra". Le deja muy claro que no pretende dejar a su amante, porque representa un escape que le ofrece una visión distinta de sí mismo. Lo hecho, hecho está. ¡Qué comprensivo resulta con sus acciones! (¡¿Ahí no puso "vallas"?!). Él trata de justificarse diciendo que está en el mismo sitio después de dieciocho años de matrimonio, para lo que recurre a símiles del béisbol. Rose le responde desde su corazón con gran hondura, dándonos buenas razones de cómo hay que cuidar el jardín conyugal:

"¡Pues, yo he estado a tu lado! ¡He estado aquí contigo, Troy! Yo también tengo una vida. Yo di dieciocho años de mi vida para estar en el mismo lugar que tú. ¿No crees que quise otras cosas? ¿No crees que tuve sueños y esperanzas? ¿Qué hay de mi vida?

¿Qué hay de mí? ¿No crees que me pasó por la cabeza querer conocer a otros hombres, que quería acostarme en algún lado y olvidarme de mis responsabilidades, que quería a alguien que me hiciera reír para poder sentirme bien? Tú no eres el único que tiene deseos y necesidades. Pero me mantuve contigo, Troy. Tomé todos mis sentimientos, mis deseos, necesidades, sueños y los enterré todos dentro de ti. Planté una semilla, la cuidé y oré por ella. Me planté dentro de ti y esperé a que floreciera, y no me tomó dieciocho años darme cuenta de que el suelo era duro, rocoso y que nunca iba a florecer. Pero me aferré a ti, Troy. Te sujeté con fuerza. Eras mi esposo".

- *¿Hay vacíos en nuestro matrimonio que nos inviten a llenarlos "fuera"? ¿Hemos hablado de ello? ¿Hemos sabido escuchar las peticiones de ayuda no explícitas antes de que sea demasiado tarde?*

- *Ya sabemos que no se pueden poner vallas al campo, pero ¿hay límites que deben ser "vallados" en nuestro matrimonio y que ayuden a mantener su unidad (al modo de Rose, no de Troy)?*

Al final… fuera de la valla

Las "vallas" de Troy le han impedido ver los sacrificios y los sentimientos de su mujer. Rose no le habla de béisbol, sino de la vida misma. La vida no es un juego, pero sí es donde se lo juegan todo. Los dos Juntos.

Poco a poco, ese hombre con el corazón "cercado" se va viendo más solo, distanciado de su familia y de sus amigos. Aun así, Rose le recuerda que es su mujer, que no se aparte de ella. Troy sale de la "valla" del hogar para seguir visitando a su amante.

Y llega otra vez la muerte, la de una madre que deja a un bebé en manos de un hombre con el corazón "vallado". Otra vez la muerte. Desde que se enfrentó a ella de pequeño por una grave neumonía, Troy no cesa de luchar contra ella: "Muy bien doña muerte. Voy a levantar una valla para que te quedes fuera y cuando llegue mi hora, ven. No me pillarás más de sorpresa. No metas a más nadie en esto". Al final, Troy apela desde fuera de esa "valla" al gran corazón de Rose para que acoja a la nueva criatura.

Seis años después, Troy muere de un ataque al corazón. A pesar de sus muchos defectos, Rose admite haberlo amado y le ruega a Cory que su padre siga siendo parte de él, mencionando el hecho de que, pese a que Troy lo criara con dureza y no se expresara con cariño, no significaba que no lo amara.

Plan B para una ruta de otoño

1. **Fidelidad conyugal que salva a los hijos, con una mirada de fe:** *My family* (G. Nava 1995) 7.

2. **Si queréis estar preparados para grandes sorpresas:** *Adivina quién viene esta noche* (S. Kramer, 1967) 7.

3. **Ir a las esencias del pasado como protocolo anticrisis:** *Los Hollar* (J. Krasinski, 2016) 7.

4. **Hallar el significado del dolor y del sufrimiento:** *Tierras de penumbra* (R. Attenborough, 1993) 7.

5. **Cuando sintáis que la juventud os abandona:** *Desengaño* (W. Wyler. 1936) 7.

6. **Cuando el pasado muerde y el perdón libera:** *Mass* (F. Kranz, 2021) 7.

7. **Cuando no deseéis perder a la familia por el trabajo:** *Un nuevo mundo* (S. Brizé, 2021) 7.

8. **La sospecha que oscurece el hogar:** *Larga jornada hacia la noche* (S. Lumet, 1962) 7.

9. **Los peligros de vivir en el vértigo:** *Faces* (J. Cassavetes, 1968) 7.

10. **Los problemas del nido vacío:** *El nido vacío* (D. Burman 2008) 6; *¡Por fin solos!* (L. Kasdan 2012) 6; *Mis*

queridísimos hijos (A. Leclère, 2021) 5; *El amor menos pensado* (J. Vera, 2018) 5.

11. **Bodas de plata con sorpresa y perdón:** *Amanece en Edimburgo* (D. Fletcher 2013) 6.

12. **Trabajar duro por la familia:** *La jaula dorada* (R. Alves 2013) 6.

13. **Cuando la mujer es el salvavidas:** *Lugares comunes* (A. Aristarain, 2002) 6.

14. **Jubilosos y solidarios:** *Las nieves del Kilimanajaro* (R. Guédiguian 2011) 6.

15. **Disfrutemos de los nietos, pero no de canguros:** *Abuelos al poder* (A. Fickman 2012) 6.

16. **Cuidado con la crisis de los cincuenta:** *Tres veces 20 años* (J. Gavras 2011) 5.

17. **Banalizar la sexualidad en el otoño:** *Si de verdad quieres…* (D. Frankel 2012) 5.

8

Invierno con luces
"Una familia de Tokio"

Yoji Yamada (2013) 8

Película que nos traslada sesenta años atrás a *Cuentos de Tokio* (Y. Ozu, 1953) en lo temático, narrativo y formal. Solo pequeños detalles las diferencian. Yamada ha sabido "modernizar" la obra del maestro Ozu (en color, de luz cálida; personajes más "vivos"; reduce

el número de hijos; los roles domésticos de hombres y mujeres…), siendo fiel a su espíritu original. Cuentan la misma historia, y ambas lo hacen con la misma delicadeza y hondura humanista, con la misma mirada nostálgica hacia una tradición que se fue, con el mismo temor a que la modernidad agoste la vida familiar.

La imagen: la vida es viaje

Es una historia aparentemente sencilla construida en torno a un viaje. Una pareja de ancianos viaja para visitar a sus tres hijos. Sin embargo, es algo más que un viaje físico, pues nos posiciona de un modo conmovedor e imponente ante un viaje metafórico que se realiza a muchos niveles narrativos.

Un viaje del pueblo a la ciudad, desde la cultura ancestral y tradicional japonesa a la vida moderna, plasmada como un lugar inhóspito que puede llegar deshumanizar.

Un viaje interior, a lo profundo del alma humana. Nuestros protagonistas son dos personas sencillas, serenas, felices y agradecidas, en contraposición a lo que se percibe alrededor.

El último viaje, que late de fondo y omnipresente, de la vida hacia la muerte. Desde el inicio, afrontan la muerte de un modo connatural en sus conversaciones, reflejando la delicadeza y la veneración del trato con los fallecidos y sus familiares.

Los Hirayama: Shukichi y Tomiko

Nos trasladamos a una pequeña isla en Hiroshima para visitar a un anciano matrimonio, formado por Shukichi (Isao Hashizume) y Tomiko (Kazuko Yoshiyuki). Tomiko se alza como el centro y la alegría del hogar, un canto a la maternidad, llena de dulzura, paciencia, comprensión y humildad. Desde allí, viajaremos con ellos a Tokio para visitar a sus tres hijos, aunque sabemos que están demasiado ocupados para atenderlos como se merecen. Os los presento. El mayor es el doctor Koichi (Masahiko Nishimura), casado y con hijos, que centra su vida en el cuidado y atención de sus pacientes. Shigeko (Tomoko Nakajima), casada también, dedica todo su tiempo a su peluquería y ya no tiene la dulzura de antaño. Y Shoji (Satoshi Tsumabuki), el menor y la "oveja negra", monta decorados para el teatro y cuida, como a un hijo, a su querido *fiat cinquecento*. También conoceremos a su novia, la entrañable Noriko (Yû Aoi), con la que aspira a casarse, pero teme la oposición de su padre, que siempre le ha considerado un fracasado. A veces es alguien de fuera del núcleo familiar, en este caso la cariñosa y servicial Noriko, quien aporta paz y esperanza en un mundo demasiado egoísta para ser feliz.

Diálogo a dos

La historia nos habla del amor de los esposos, de la fidelidad y de su buen corazón. Nos invita a mirar con otros ojos a quienes "desde fuera" nos dan testimonio de cómo amar. Ya sabíamos, antes de visitarlos, que viven en una sociedad en la que resulta difícil expresar los afectos. Cuando llegaron a Tokio..., ningún beso, ningún abrazo. Visitar su hogar, un hogar lleno de contrastes, nos permitirá desgranar cuestiones importantes como las diferencias generacionales, el contraste entre tradición y modernidad, el profundo sentido de las relaciones familiares y el sentido de la muerte.

- *¿Dedicamos el tiempo necesario a las relaciones familiares, estando atentos a los mayores y a los más pequeños?*

Conflictos intergeneracionales

Asistimos al contraste entre la vida tradicional y tranquila de los ancianos padres con la vida acelerada y urbanita de los hijos, sin tiempo, sin espacio, ahogados por las prisas y por su "yo". Shukichi es un padre algo duro con sus hijos, sobre todo con el menor, al que ve demasiado pusilánime: "Los hijos nunca salen como los padres se imaginan". Sus visiones son muy diferentes, y ambos se quejan de que el otro no lo escucha. La misma esposa se lo recrimina: "Fuiste muy indulgente con tu hija, y muy exigente con tus hijos, sobre todo con Shoji".

Esa distancia afectiva de falta de confianza se traduce en la reserva de Shoji para decirle a su padre que desea casarse con Noriko. Esta relación padre-hijo no está presente en *Cuentos de Tokio,* ya que Shoji murió en la Segunda Guerra Mundial. Al aparecer aquí resta algo de protagonismo a Noriko, que sigue siendo un gran personaje, pero queda lejos de la templanza de la protagonista de la narración de Ozu.

La relación es completamente diferente con su madre, Tomiko, a la que le cuenta cómo conoció a su amada. Su madre le confirma que siempre lo apoyaría y goza con ello: ¡Qué bonita es la juventud! Es le da pie a recordar, con alegría y mucha timidez, cómo conoció a su Sukichi.

-   *¿Suponen un problema las diferencias intergeneracionales en nuestro hogar?*

El hogar, la memoria y la tradición

Conforme llega el invierno al matrimonio es bueno recordar. Cuando recordamos, traemos al presente ("re-presentamos"), hacemos viva la imagen sin que por eso deje de pertenecer al ayer, que de otra forma no distinguiríamos de la imaginación. Cuando hacemos memoria no nos limitamos a repetir lo pasado, sino que lo *re-creamos*. Paradójicamente, si deseamos avanzar hacia el futuro a veces nos conviene detenernos y recuperar las esencias del pasado. En muchas ocasiones, eso nos ayudará a gestionar un presente doloroso con buena cara. Por otro lado, tenemos la nostalgia que, en algunos casos, puede ser un obstáculo para la vivir la vida presente y futura con sentido. Así pues, si cultivamos adecuadamente la memoria y la tradición familiar nos ayudará a visualizar el profundo sentido de las relaciones que vivimos en la familia.

- *¿Qué valor damos a la tradición familiar? ¿Conservamos prácticas familiares que faciliten la permanencia de estas tradiciones?*

Cuando la vejez es una carga: ¿dónde hemos guardado la piedad filial?

Sin embargo, a veces no respetamos esta memoria y tradiciones. En nuestra visita sigue presente el mismo ideal confucionista de la piedad filial de *Cuentos de Tokio*. Escuchamos la misma frase, aunque dicha por el yerno: "Hay que ser un buen hijo mientras tus padres viven". Aunque los tres hijos quieren que sus padres tengan una estancia agradable en Tokio, no dejan de poner pegas a su acogida: sus trabajos, sus quehaceres sociales, sus "yoes", convierte la presencia de los abuelos en una carga algo incómoda. Seremos testigos de los conflictos relacionados con la llegada de la vejez. A pesar de que los ancianos siguen siendo la voz de la experiencia, los hijos no dejan de desentenderse. Muchas veces no nos percatamos que la peor soledad es la de quienes está rodeados de gente, rodeados de ojos que no ven con el corazón. Las dificultades para encontrar hueco en alguna casa de sus hijos le hacen decir al padre: "Cada cual por su cuenta. Al final, nos hemos convertido en unos sintecho". Resulta paradójico que su amigo lo tenga por un hombre afortunado por la familia que tiene.

- *¿Somos buenos hijos mientras nuestros padres viven? ¿Cómo podemos evitar que sean una carga en el futuro?*

- *¿Somos buenos padres y abuelos con nuestros hijos cuando ya somos mayores? ¿Cómo podemos evitar ser una carga o unos pesados para ellos?*

También la película nos abre los ojos ante el cada vez más frecuente edadismo (la discriminación por la edad que sufren nuestros mayores): "Han venido los abuelos, ¡qué se le va a hacer!", dice el yerno; "¡Qué les pasa a esos abueletes!", dicen los que estaban en el bar.

No es así en quienes tienen un corazón que sabe amar, como es el caso de la amable Noriko. Y vemos otro rasgo positivo en la actitud de las camareras de la habitación donde se hospedan, que, al encontrarlo todo limpio y ordenado, dicen: "Seguro que son unos ancianos". Pero algo ocurre para que todo comience a cambiar en los corazones.

Tocan a la puerta: la enfermedad y la muerte

No se rehúye el tema de la muerte, incluso se bromea con él. Hablando de lo duro que es que muera la mujer antes que el hombre, Sukichi está seguro de que ese no será su caso: "Yo seré el primero en morir. En eso consiste la felicidad". Pero todo llega, Tomiko se desploma y vemos cómo responde cada uno a los acontecimientos que se suceden. Desde el "Vaya lío, mañana es el festival y yo soy el relaciones públicas" del yerno, al "¡Qué mala suerte, precisamente ahora que estamos tan liados!" de la hija. La situación no pinta bien y se intuye un final más pronto que tarde.

- *¿Cómo abordamos el tema de la enfermedad y la muerte en la familia?*

Tras fallecer, van a dejar sus cenizas al pueblo. Mientras la hija está pendiente de repartir las ropas de la madre, algo que el menor le echa en cara por su egoísmo, el hijo mayor plantea la posibilidad de que el padre se vaya a Tokio. Pero Sukichi lo tiene muy claro: "No iré a Tokio nunca más. No pienso ser una carga para mis hijos".

- *¿Cómo actuaríais si fueseis el anciano viudo o sus hijos? ¡Qué importante es haber cultivado adecuadamente y con tiempo unas buenas relaciones paternofiliales!*

Escena final: el amor es tan fuerte como la muerte

Todos tienen que volver rápidamente a sus quehaceres, salvo Shoji y Noriko, que se quedan cuatro largos días sin poner mala cara para cuidar de él. El corazón del anciano viudo ha cambiado, ahora sabe reconocer un corazón que ama. De este descubrimiento, brotan las palabras de agradecimiento a Noriko por su honestidad, que se materializan al regalarle el reloj que su mujer llevó durante treinta años. Es algo más que un objeto que mide el tiempo que pasa, es un recuerdo que permite recrear un pasado y traerlo al presente.

El padre reconoce que había juzgado mal a su hijo menor después de haber conocido a Noriko, y verlos a los dos juntos. Ella le ha abierto los ojos para ver cómo Shoji ha heredado el buen corazón de su madre, reconociéndoselo a ella: "Esa es precisamente la mejor cualidad de mi hijo pequeño: tiene un gran corazón". Junto al agradecimiento y a esta confesión, añade un ruego. "Vienen tiempos difíciles, el futuro es incierto, pero si aceptas casarte con mi hijo, entonces sé que podré morir en paz. Noriko, te ruego… que cuides de mi hijo pequeño". Ella le responde: "Lo haré", y llora de corazón.

Cuando, finalmente, los jóvenes novios, tan distintos de aquellos Tom y Summer del principio de nuestro viaje, vuelven en el ferri, Noriko se lo cuenta a Shoji, el cual no podía creer que su padre dijera lo que dijo. Y es que, en ocasiones, las ausencias nos hacen más patentes las presencias: de quienes ya partieron y de quienes, habiendo caminado con ellos, no reconocimos.

- *No desperdiciemos las oportunidades que nos da la vida para expresar nuestro amor, digámoslo alto y claro, no esperemos a que el recuerdo se tiña de nostalgia y melancolía en vez de la alegría que siempre deja un amor bien vivido. Empecemos hoy.*

9

Invierno con sombras
"Sueños de juventud"
Jan Sverák (2007) 7

La película tiene como guionista y protagonista al padre del director, cerrando una trilogía que ofrece un mapa de sus experiencias vitales: *Escuela primaria* (1991) refleja su niñez; *Kolya* (1996) explora su vida adulta, y *Sueños de juventud* intenta aceptar la vejez y la muerte.

La imagen: fantasía en globo

Elegimos una actividad para hacer juntos y donde se deje espacio para la sorpresa. Es una imagen que nos advierte que, aunque nos dejemos llevar, llega un momento que hemos de gobernar nuestro proyecto, de lo contrario corremos el riesgo de hundirlo. Sin embargo, parece que a nuestro protagonista masculino le es más fácil improvisar con un globo que gobernarse a sí mismo y adquirir las virtudes que lo hagan maduro.

Los Tkaloun: Josef y Eliska

Llegamos a la preciosa ciudad de Praga, donde conoceremos a los Tkaloun, con cuarenta años de matrimonio a sus espaldas. Allí nos esperan Josef (Zdenek Sverák), un profesor de literatura de sesenta y cinco años que ya no es feliz dando clases, y su paciente esposa, Eliksa (Daniela Kolárová). De vez en cuando los visitan su hija Helenka (Tatiana Dyková), a la que ha dejado su marido por otra, y su nieto Tomik (Robin Soudek).

Diálogo a dos

Una inmadurez con sueños de juventud

Josef es un inmaduro lleno de contrastes: lo mismo está enfadado e iracundo con sus alumnos como tremendamente servicial con los demás. Es un hombre de "holas", próximo a la gente, aunque es mejor consejero para los demás que para su familia. En su contraste, puede compaginar el amor a su esposa con las fantasías sexuales con otras mujeres. Es incapaz de relacionar estas emociones diferentes que siente en cada ambiente de su vida, aun siendo contrarias entre sí. Es como si tuviera un "yo" para cada situación, lo que le genera un gran lío y fuertes tensiones, aunque no se dé cuenta de ello.

- *Analicemos si existen diferencias entre cómo somos y nos comportamos en casa y fuera de ella. ¿Por qué?*

Las tentaciones que pueden pinchar el globo

Josef, en su inmadurez, no deja de alimentar sus ingenuas ensoñaciones eróticas, tonteando con una compañera del instituto y fantaseando con las transparencias de las mujeres que entran al supermercado. Todo ello lo coloca al borde del abismo de la infidelidad, sin que tampoco haya sido un ejemplo de "fidelidad creativa". Por su parte, Eliska se deja halagar por su alumno de alemán, reconoce esa necesidad afectiva de sentirse valorada, pero tiene muy claros cuáles son sus principios. Muchas de sus quejas y lamentos eran los gritos silenciosos al hombre que quería.

- *Las tentaciones existen, pero ¿las reconocemos?*
¿Conocemos nuestro punto débil? ¿Qué hacemos para no
caer en ellas? ¿Hablamos entre nosotros de ello?

Enfriamiento matrimonial: el globo se desinfla

Esta inmadurez y fragmentación terminan por
anquilosar la relación marital, aunque veamos que es
un matrimonio que se quiere. Josef no se preocupa
por avivar la llama de amor y ternura con su mujer,
que continuamente se lo recrimina y cuya autoestima
está por los suelos.

Duermen en camas separadas, pero también lo
están sus sueños. El fantasea con juegos eróticos y
ella con sentirse reconocida y amada: "¿Qué sientes
por mí, además de repulsión? Sé que ya no te atraigo,
las mujeres lo notamos, tú tampoco me atraes, has
dejado de ser romántico, y ni siquiera eres divertido. Antes esperaba las cosas con ilusión. Ahora no
consigo aferrarme a nada". Sin embargo, ella trata
de reponerse, se pone guapa para él y quiere sorpren-
derlo en el trabajo, donde dijo que nunca iría. Pero
él no estaba allí, por su despiste de día fue a ver a su
excompañera del instituto.

- *¿Cómo avivar la llama del amor en el invierno*
del matrimonio? Contrastad la respuesta con un

matrimonio mayor si sois jóvenes, y con uno joven si sois mayores.

- *Propongámonos esta semana hacer que el cónyuge se sienta reconocido y amado.*

¿Es hora de jubilarse? Que la vejez no nos pille en las nubes

La vejez lo sorprende en una especie de siesta: ya no puede manejar a sus alumnos como antes, estar en casa con su mujer le parece monótono, y empiezan a surgir los despistes (ve a un joven hablando por el móvil y piensa que le duelen las muelas; pone la cafetera eléctrica sobre el fuego para calentarla…).

Josef está harto, aburrido y solo. Harto de dar clases porque ya no entiende a las nuevas generaciones de alumnos y decide dejarlo. Es cierto que Josef ya está dando muestras de falta de autocontrol con los alumnos, por algo le llaman el escurre-esponjas, pero siente que es "un fuego que tiene que apagar". Sin embargo, es reacio a jubilarse tanto del trabajo como del amor. Se aburre en casa, a pesar de que intervenga en varias labores, pero su mujer no deja de corregirlo: "Igual que tu padre: lo pagaba con tu madre cada vez que le pasaba algo". La verdad es que Eliska se da cuenta de que no soporta quedarse en casa, piensa que le da miedo estar encerrado con una anciana. No es capaz de sentirse acompañado en casa, y fuera, sus amigos o son mayores o están muertos.

Entonces, decide buscar un trabajo que le haga pasar el tiempo y relacionarse con la gente. Lo intenta primero, con nefastos resultados, como mensajero en bici; después como reponedor de botellas en un super-mercado, que dejará con la llegada de una máquina re-cicladora. Puede que su último trabajo fuera de revisor de ese tren que tanto desfilaba frente a su casa.

- *¿Cómo hacer para que la jubilación sea jubilosa? ¿Nos vamos preparando para cuando llegue?*

- *Los planes de jubilación se empiezan desde jóve-nes… ¿Creemos que esto es solo válido para la economía del hogar? ¿Pensamos más en asegurar los ahorros que en afianzar los vínculos familiares?*

Cuando ser mayor está mal visto

El *edadismo* es la discriminación por razón de edad, especialmente de las personas mayores o an-cianas. El propio concepto que tiene Eliska sobre sí misma es algo edadista. Se ve como una anciana y piensa que Josef no debería hacer trabajos de gen-te joven, al tiempo que lanza misiles como eso de "los hombres siempre intentan escapar, incluso los viejos". Para los amigos o conocidos de su edad que pasean por el parque, Josef es el "profesor acojonado" o "el que va disfrazado de mensajero".

- *El edadismo suele empezar cuando somos jóvenes. ¿Educamos en casa en el respeto a las personas mayores?*

No solo se mira hacia arriba cuando se va en globo

Josef tiene una conversación con su hija sobre aspectos trascendentes. Sorprende favorablemente la naturalidad con que se presenta a unos personajes que rezan y confían a Dios sus preocupaciones en un país con antecedentes ateos. Eliksa pide en la iglesia por su hija y para que el cabeza-hueca de su marido se centre de una vez.

En la aventura en globo, en la que él está muy romántico y ella cree que se va a morir, le dice a Josef: "Si al menos creyeras, si supieras rezar". Él le responde: "Sé rezar cuando estoy a punto de partirme el cuello". Pues ese era el momento. Padre nuestro... rezan la madre en el globo y la hija en el coche.

- *Repasemos cómo es nuestra relación con Dios. ¿Solo nos acordamos de Él para pedir?*

- *¿Qué hacemos para fortalecer nuestra vida espiritual?*

¿La muerte…?, ¡que espere!

La muerte se hace presente en la mente de nuestros anfitriones. Asistimos a una conversación de Josef con su nieto sobre el tema. También, al final de la película, cuando están en el globo y Eliska piensa que se va a morir y descubre que fuma a escondidas, ella le responde: "Porque quiero morirme antes que tú".

Durante ese viaje en globo hubo un momento en que están a punto de hundirse en el lago, pero entre los dos remontan el vuelo. Sin embargo, no casa este "resurgir" en globo con la última escena, pasados los primeros créditos finales, en la que Josef parece "caer" en el abismo que tantas pesadillas le había dado. Es como si todo fuera una metáfora de un amor conyugal que desearía volar frente a los sueños de tren que no lo sacan de la inmadurez.

Plan B para una ruta de invierno

1. **Cuando se es una carga para la familia:** *Cuentos de Tokio* (Y. Ozu, 1953) 9.

2. **Sin perder la solidaridad:** *El Havre* (A. Kaurismäki 2011) 9.

3. **Cuando se desprecia al cónyuge:** *Solas* (B. Zambrano, 1999) 9.

4. **Cumplir la promesa hecha a la esposa:** *Up* (P. Doctor y B. Peterson, 2009) 9; *Vivir sin parar* (K. Riedhof 2013) 6.

5. **La familia es lo primero:** *Vive como quieras* (F. Capra 1938) 8.

6. **Manteniendo una mirada de fe:** *El viejo y el niño* (C. Berri ,1967) 8.

7. **Una nueva vida de jubilados jubilosos:** *Abuelos* (S. Requejo, 2019) 7; *El estudiante* (R. Girault, 2009) 5.

8. **Manteniendo la comunicación:** *Jugando con el corazón* (W. Carroll, 1998) 7.

9. **Reconquista frente al olvido:** *Regreso a casa* (Z. Yimou 2014) 7.

10. **El miedo a la soledad y a la muerte:** *En el estanque dorado* (M. Rydell 1981) 7.

11. **Estar al lado del cónyuge que sufre:** *El hijo de la novia* (J. J. Campanella, 2001) 7; *Quédate conmigo* (M. McGowan, 2012) 6; *El diario de Noa* (N. Cassavetes, 2004) 5.

12. **Incomunicación tóxica:** *Le week-end* (R. Michell 2013) 6.

13. **Vivir en la mentira y en una relación tóxica:** *La buena esposa* (B. Runge 2017) 5.

10

Tiempo de plenitud
"Vida oculta"
Terence Malick (2019) 10

Tras la beatificación de Franz Jägerstätter (2007), Malick leyó las cartas que se intercambió el matrimonio, en las que se destaca su entrañable e inquebrantable amor a la familia, a la Iglesia y a Dios, así como su petición de perdón por todos los sufri-

mientos que podía haber ocasionado con su decisión de oponerse a la guerra. Leyéndolas, nos damos cuenta de cómo vivían, sentimos cómo era su amor, vemos la sencillez de su vida y de dónde proviene su decisión.

La película empieza con unas imágenes del filme *El triunfo de la voluntad* (L. Riefenstahl, 1935), donde Hitler es retratado como un mesías que, literalmente, desciende del cielo de Núremberg para traer la salvación al pueblo alemán. Entretanto, escuchamos una parte de *Israel en Egipto* de Haendel y, cuando las imágenes se desvanecen, unas palabras nos dicen que todo soldado de la Austria anexionada por el Tercer Reich era obligado a jurar lealtad a Hitler. La imagen y la palabra utilizadas para la manipulación de las conciencias.

La imagen: las nubes

"Vivíamos por encima de las nubes", dice la esposa cuando hace memoria. Cerca de Dios, movidos por el viento del Espíritu Santo, contemplando la belleza de la Creación en un abrazo al paisaje alpino. Las nubes que son testigos de cómo el río lleva el agua viva del manantial, pero también de las fogatas del odio.

Unas nubes que contemplan cómo juegan amorosamente con sus manos los esposos, presentes en su duro discernimiento y en la aceptación de Fani. Fieles testigos del juego de las niñas, del llanto de una madre anciana conocedora de que puede perder lo único que tiene.

Son las nubes que se otean al final del camino. ¿Presagian la muerte de la luz? Son las nubes que los miran mientras se despiden al subir al tren, y cuando tocan a difuntos. Las mismas nubes tormentosas que la contemplan trabajar sola mientras él está en la cárcel. Son la columna de nubes por las que camina de día el Señor para guiarnos por el camino (*cf.* Ex 13, 21).

Los Jägerstätter: Franz y Fani

Nuestro itinerario llega a su fin, aunque en el fin está el principio. Empezamos en Nueva York haciendo frente al emotivismo y terminamos en los Alpes austríacos para conocer de cerca el aroma de la santidad. Visitamos St. Radegund, a pocos kilómetros de donde nació Hitler. Allí viven los Jägerstätter: un feliz matrimonio de campesinos, Franz (August Diehl) y Fani (Valerie Pachner), y sus tres hijas (Maria, Rosalia y Aloisa).

La película está basada en hechos reales: Franz fue el único de su pueblo en negarse a jurar lealtad a alguien (Hitler) que se había puesto a sí mismo en el lugar de Dios y que reclamaba de sus súbditos un seguimiento incondicional. Así, se convirtió en el primer objetor de la creciente ideología del odio. Esta actitud no será comprendida por sus vecinos y allegados: "Tu sacrificio no beneficiaría a nadie"; "Es un pecado contra su familia y su pueblo"; "El mundo se está hundiendo... Seguir a Dios es un absurdo"; "Puedes esconderte en el bosque".

Diálogo a dos

Los Jägerstätter son gente sencilla, pero llenos de sabiduría porque han sabido crear vínculos muy valiosos con su entorno: con la naturaleza, con su familia, amigos y vecinos, con su pueblo y su patria. Y, por encima de todo ello, con Dios. Para el mismo Franz, el amor incondicional de su esposa y su fe inquebrantable, serán sus principales aliados para afrontar las graves repercusiones que provocará su decisión.

Sometidos a ataques externos

"Vienen tiempos oscuros. Y los hombres serán más astutos, no lucharán contra la verdad, solo la ignorarán", son las palabras del restaurador de la Capilla. No nos resultaría difícil hacer un símil entre este ataque a la conciencia y los que reciben hoy día el matrimonio y la familia. Las ideologías que hoy tratan de minar el estatus de la familia tienen como herramientas la manipulación del lenguaje, la deconstrucción y la liquidación para someterla a los dictados del momento. Ante el ente manipulador, como ocurrió con Hitler, no hay posibilidad de objeción de conciencia en los graves de temas de moral y de vida. Solo buscan que las familias naveguemos por el mar de la indiferencia entre el bien y el mal, erradicando las raíces y diluyendo las metas, para conducirnos a una tierra baldía. Solo las familias libres, capaces de integrar su pasado, presente y futuro, como hizo Franz, seremos capaces de alcanzar una plenitud que desconocen los manipuladores.

- *¿Somos conscientes de los intentos de "diluir" la familia en su razón de ser y en su sentido de misión? ¿Cómo defendemos nuestros valores familiares en la sociedad?*

Una historia de amor esponsal

"¿Recuerdas aquel día que nos conocimos?", le pregunta Fani, antes de hacer memoria: "Recuerdo aquella moto. Mi mejor vestido… Me miraste… y lo supe". Con el solo de violín que suena en toda la película y que representa la conexión entre nuestros dos protagonistas, nos adentramos en uno de los más bellos retratos del matrimonio y de la santidad en la vida ordinaria que ha hecho el cine. Son dos personas sencillas que viven un amor verdadero que fecunda todas sus relaciones y su trabajo.

- *¿Nos interpela su amor sobre nuestra capacidad de aceptar al otro, de interiorizarlo, de dejar que nos afecte, de incluirlo en nuestra libertad, de dejar que nos transforme, aunque no estemos de acuerdo?*

Es un amor que se comunica con todos los sentidos: ¡cómo se miran!, ¡cómo se tocan!, ¡cómo se escuchan…! Lo vemos en el amor que emana de Fani al acariciar a su marido, a su suegra, a su hermana, a sus hijas, a un burro, a una oveja, a un cerdo… En su vida hogareña la felicidad la componen cosas muy sencillas, las que salen del corazón de gente humilde de campo. Desde esta sencillez tomaron las decisiones importantes que cambiarían su vida, sin sonrojarse al decir 'no' a ciertas cosas. En nuestra sociedad actual faltan personas así, o puede que no las veamos porque, como dice la última cita de la película, viven *vidas ocultas*.

Una fe inquebrantable

Más allá de su tierno amor conyugal, comprobamos un amor más trascendente. Viven una relación confiada, amorosa y fiel con Dios, que da pleno sentido a sus vidas y las abre al infinito. Gracias a Fani, Franz volvió a la fe católica. Ella tiene claro dónde está el fundamento y la fuente: "Yo le amo, pero Él [Dios] le ama más". La presencia silenciosa de Dios es la que permite que Franz se mantenga fiel a su conciencia y al juicio de Dios, a pesar de las presiones de los demás que lo ven como un gesto inútil y perjudicial para su familia.

- *¿Cómo imagino el amor de Dios a mi cónyuge? ¿Creo que, en esa relación, Dios me pide algo?*

Espiritualidad conyugal

Franz y Fani sacan su fuerza de sus diálogos íntimos con Dios y de su amor conyugal. Al fortalecer su amor crecía su amor a Dios, y este amor a Dios nutría y sustentaba su amor humano. El encanto del duro trabajo en el campo y las pausas para la oración llenaban sus días. Eran católicos practicantes, profundamente devotos y recibían diariamente la sagrada Comunión.

Su unión conyugal no está condicionada, sino reforzada por la fe: "Siempre ha respondido a nuestras oraciones... Si somos fieles, Él no nos abandonará... Estoy convencida. Le tenemos a Él. Y eso basta", confiesa ella. Esto nos recuerda: "Quien sirve de buena gana, es bien aceptado, y su plegaria sube hasta las nubes. La oración del humilde atraviesa las nubes, y no se detiene hasta que alcanza su destino" (Eclo 35, 16).

- *¿Hemos profundizado en vivir una espiritualidad conyugal? ¿Sabemos en qué consiste y qué podríamos hacer?*

Dar posada a Dios en la conciencia

El centro de gravedad de la historia recae en la conciencia de Franz. Acepta ser arrestado, encarcelado, privado de su familia y de su hogar para, paradójicamente, preservar ese hogar que es sustento de todos los demás: el santuario de la conciencia, el hogar de Dios. De este santuario no solo emanan las decisiones éticas, sino que también es el lugar donde habita Dios. Es la historia, en cierto sentido, de alguien que decide dar posada al Dios que ha sido expulsado de muchas conciencias: "Y una voz desde la nube decía: «Este es mi Hijo, el Elegido, escuchadlo»" (Lc 9, 35).

A diferencia de otras personas valiosas y preocupadas por él, como su abogado y su párroco, que intentan salvarle con argumentos contrarios a su conciencia, Fani está siempre de su lado. En su última oportunidad para salvarse conversa con ella, y no cede a la amenaza de muerte ni a la propuesta de mentira ni a la burla de la ley. Permanecen en comunión. "¿Lo entiendes?", le pregunta Franz, a lo que Fani contesta firme: "Te quiero, hagas lo que hagas, pase lo que pase. Te apoyaré… siempre. Haz lo correcto".

- *¿Cómo estamos formando nuestra conciencia? ¿De quién es posada?*

Podemos encontrar un cierto paralelismo con la historia de otro objetor: santo Tomás Moro (*Un hombre para la eternidad,* de F. Zinnemann 1966). Ni uno ni otro pudieron congeniar con el mal, blindando su conciencia con el escudo de un silencio que ayuda a entender el del mismo Dios. Ni uno ni otro podían abdicar de su humanidad ni de su fe en Dios.

Escena de la vida de Cristo

En realidad, *Vida oculta* es una escena de la vida de Cristo. Los Jägerstätter se niegan a echar a Dios de sus vidas para adorar a otros dioses (nazismo) cuando todos a su alrededor lo hacen ("Adorábamos a dioses extranjeros", reconoce su alcalde). Llevan una vida oculta y fecunda, aunque, en su momento, su fidelidad a Cristo parezca estéril y sea incomprendida. Incluso el proceso al que es sometido Franz tiene un claro paralelismo con el de Jesús antes de ser crucificado; el mismo juez militar Lueben (Bruno Ganz) tiene algo de Poncio Pilato en el reconocimiento de una verdad que no sabe manejar envuelto en el cinismo de una guerra injusta.

- *Busquemos en nuestras vidas en común alguna "escena de la vida de Cristo".*

Es el 9 de agosto de 1943. Poco antes de ser guillotinado, el padre Jochmann le administró los últimos sacramentos y le preguntó si necesitaba algo. El siervo de Dios le respondió con gran entereza: "Tengo todo, tengo las sagradas Escrituras, no necesito nada". El reloj de pared del salón de los Jägerstätter marca las cuatro de la tarde, justo a la hora de la ejecución de Franz. En ese preciso momento, Fani sintió la presencia de su esposo.

Al final, la vida oculta de los santos de Dios

Después de dos mil años de historia, la Iglesia católica sigue marcando la pauta para que haya hombres y mujeres "felices" verdaderamente, "sin conformarse" con "una existencia mediocre, aguada, licuada".

En uno de los momentos más emotivos de la película, Fani le asegura a su hermana que, algún día, entenderemos el sentido de tanto dolor. La humanidad de Franz es tan desbordante y atractiva, que para todos nosotros es un valioso testimonio. Franz no quería ser un héroe ni un mártir ni cambiar el mundo, sencillamente quería ser libre. Y lo fue, compartiendo el silencio de Aquel que sostuvo su esperanza. Y todos podemos aprender de él que *desde la tibieza no se alcanza la santidad*.

Para Malick, Fani es tan mártir como su marido, su vida como viuda da para hacer varias películas. Esta historia estuvo oculta durante mucho tiempo, durante el cual vivió condenada al ostracismo en su pueblo. Aunque tardó mucho en recuperar su reputación, llevó una vida plena a pesar de haber vivido experiencias tan terribles. No se rindió y vivió con fe, esperanza y mucho amor.

Conviene rendir un homenaje a la resistencia silenciosa de tantos matrimonios santos que no se dejaron y no se dejan envenenar por una sociedad que rechaza el testimonio del seguimiento de Cristo y el valor del martirio.

- *¿Seríamos capaces de sacrificar el bienestar de la familia por las propias convicciones?*

- *¿Sirve para algo la inmolación, si nadie lo recordará ni tampoco cambiará el curso de la historia? ¿Tendríamos el valor de hacerlo si nos tocara a nosotros?*

De la consideración de Malick sobre la fecundidad de unas vidas entregadas, de la voluntad de Fani y Franz de no juzgar ni pretender imponer a nadie su actitud, procede el hallazgo de la cita de George Eliot (*Midlemarch*) que cierra la película: "… porque el bien creciente del mundo depende en parte de actos al margen de la historia; y que las cosas no nos vayan tan mal a ti y a mí, como pudiera haber ocurrido, se debe en parte a los que vivieron fielmente una vida oculta, y descansan en tumbas que nadie visita". Hoy, nosotros las hemos visitado.

"Franz, nos encontraremos allí, en las montañas"
[Fani].

"Y oyeron una gran voz del cielo, que les decía: «Subid aquí». Y subieron al cielo en una nube, y sus enemigos se quedaron mirándolos" (Ap 11, 12).

Últimos títulos publicados

(www.editorialdidaskalos.org)

Suscríbete en nuestra web para recibir las mejores promociones